lieber Häxli

Lieben mich meine Katzen?

---

viel Spass beim lesen

Peta + Co

Birgit Schmid

Lieben mich meine Katzen?

Eine Recherche

Echtzeit Verlag

Inhaltsverzeichnis

Ankunft Fritz

Am Abend bevor wir Fritz holten, der damals noch nicht Fritz hiess, sassen mein Freund und ich auf unserem Sofa und redeten nicht viel. Wir hatten lange überlegt, ob wir eine Katze haben wollten, während Monaten, vielleicht waren es auch Jahre. Passt es jetzt? Passt es später nicht besser? Können wir weiterhin reisen? Wollen wir täglich ein Kistchen reinigen? Steht nicht plötzlich etwas zwischen uns?

Als dann vor vier Jahren die Katze eines Kollegen Junge bekam und er das Foto von zwei rothaarigen kleinen Tigern herumschickte, weil er für sie eine Familie suchte, war es wie so oft: Man merkt, man hat sich längst entschieden. Wir entschieden uns für das Langhaarige der beiden. Die Mutter seiner Mutter, erklärte uns der Kollege, war eine Norwegische Waldkatze, daher der buschige Schwanz und die Halskrause, die würden später noch buschiger werden. Der Vater musste ein Kater aus dem Quartier sein. Die Rasse war uns nicht wichtig. Wir nannten unsere neue Katze, ein Männchen, erst einmal Wuschel, sein Name würde sich zeigen, sobald er bei uns war.

Das Nötigste lag bereit, Napf, Kistchen, Spielmäuse, als ich ihn mit zehn Wochen holte. Nur ein Schlafkorb fehlte, denn ich liess mir sagen, das Geld könnten wir uns sparen. Aus einem Nachbarhaus kamen Jubelrufe, als ich bei meinem Kollegen eintraf. Ich brachte die leere Katzenbox mit, in die Fritz inzwischen wohl kaum mehr hineinpassen würde. Ich habe es nicht mehr probiert, ich lasse ihn nicht mehr jedes Jahr impfen. Schon einjährig wog er ein Kilo zu viel. Er ist zwar eine aussergewöhnlich grosse Katze, aber wahrscheinlich doch etwas zu schwer, und obwohl sich sein Gewicht eingependelt hat und mein Freund sagt, Fritz wirke doch bloss wegen seines dicken Pelzes so rund, habe ich Angst, dass der Tierarzt schimpfen und von Altersdiabetes und anderen Leiden bei gut gefütterten Katzen erzählen würde. Aber solche Gedanken lagen an diesem Tag im Juni 2010 in weiter Ferne. Die Schweizer Nationalmannschaft gewann ihr erstes Spiel an der Fussball-WM in Südafrika eins zu null, und Fritz zog bei uns ein. In der ersten Nacht tat ich kein Auge zu. Nach einigen Purzelbäumen auf dem Sofa, zwischen denen er innehielt, um laut miauend nach seiner Mutter und seinen Geschwistern zu rufen, hatte er sich ans Bettende zu meinen Füssen gelegt. Er kroch unter die Decke, tapste über meinen Körper, biss mich in die Zehen. Dann wieder das Miauen aus dem Wohnzimmer von der einsamsten Katze der Welt.

Das Leben, wie ich es kannte, schien zu Ende. Plötzlich war da ein Wesen, das geliebt werden musste und das uns vollkommen ausgeliefert war. Später erzählte mir eine Bekannte, ihre Schwester, die schon immer schwermütig veranlagt gewesen sei, hätte ihre junge Katze wieder weggeben müssen: Sie hielt es nicht aus, ein Wesen um sich zu haben, das so bedürftig und abhängig ist. Die Liebe machte sie schutzlos, und sie wurde nur noch trauriger.

Unter dem Einfluss veränderter Hormone suchten wir einen Katzennamen. Rubin schlug ich vor, das passe zu seinem roten Fell. Daraus wurde bald Rübelchen, weil wir wohl merkten, dass das Pathos peinlich war. Sultan schlug mein Freund vor, aber auch das klang für eine junge, verspielte Katze nicht richtig. Als Fritz schon ein paar Tage bei uns war, kam ein Freund auf Besuch. Die Katze rannte auf dem Sofa hin und her, sprang unserem Freund auf den Schoss, kletterte auf seine Schulter. Es gibt davon ein Foto, unser Freund, er ist kein grosser Freund von Katzen, lächelt darauf gequält. Aber dann taufte er ihn an diesem Abend. Fritz. Er erzählte von *Fritz the Cat,* der Cartoon-Figur von Robert Crumb: einem

Kater, der sich den Drogen und der freien Liebe hingibt und den Polizisten, dargestellt als Schweinen, immer wieder entkommt. Später schauten wir den Film, der auf dem Comic basiert, gemeinsam mit Fritz, der zusammengerollt auf einem Kissen lag und ihn ziemlich sicher verschlief. Vielleicht war es auch besser so, dachten wir bei der Szene, in der Fritz the Cat in der Badewanne Gruppensex hat, dazwischen schwebt er auf einer Cannabiswolke. Doch Fritz kam sowieso ganz anders heraus. Er macht sich wenig aus Sex. Er ist kastriert und auch sonst ängstlich, was Dinge betrifft, die er nicht kennt. Während Rosie, die ein Jahr später in unseren Haushalt kam, zu grenzgängerischem Verhalten neigt, ist Fritz eher der Chiller-Typ, solange ihn nichts in seinem Fritzsein stört. Rosie fängt die Beute, Fritz frisst sie. Rosie schläft auf der Erde im Kaktustopf, Fritz loungt in der Hängematte des Katzenbaums. Rosie fegt alles, was nicht festgenagelt ist, von Tisch und Regalen: Bücher, Muscheln, Messer. Fritz schreckt schon auf allen Vieren in die Höhe, wenn ein Blatt von einem Baum fällt.

Dieses Gefühl, etwas falsch zu machen

Ein Hund war keine Option. Von Hunden redet man im Diminutiv: Ein Hund hat ein Herrchen und wedelt aus Freude, er gibt auf Befehl das Pfötchen und macht das Männchen. Er tut alles, um zu gefallen. Er hört sogar auf seinen Namen und eilt herbei, wenn er gerufen wird. Hunde sind so leicht zu begeistern. Um die Zuneigung von Katzen muss man kämpfen. Und auch wenn man ihre Liebe für den Moment zu erhalten glaubt, wird man das Gefühl doch nie ganz los, etwas falsch zu machen. Kannst du den Regen nicht stoppen?, spricht es aus Fritz' weltmüdem Gesicht, sogar von hinten, wenn er am

Fenster sitzt und den Tropfen zuschaut, wie sie die Scheiben hinunterlaufen. Irgendwann klart es auf, und Fritz legt seine Pfote auf die Balkontür und fordert Auslass. Hilfloser machen Fragen, wie sie Tom Cox, ein britischer Autor, aus dem sanften Miauen seiner alten Katze The Bear heraushört: «Kannst du mir bitte sagen, warum ich eine Katze bin?» Es sind dies existenzielle Momente. Leute, die mit Katzen leben, müssen psychisch robust sein. Sie müssen aushalten können, dass nichts genügt. Als Tom Cox The Bear zum Geburtstag frischen Truthahn und eine mit Katzenminze gefüllte Spielzeugratte schenkt, spürt er irgendwie, dass dieses Geschenk unzureichend war, dass The Bear den neuen Roman von Jonathan Franzen oder den Dokumentarfilm von Werner Herzog vorgezogen hätte: «*but it had somehow seemed insufficient, I sensed, deep down, that he might have preferred the latest Franzen novel, or a new Werner Herzog documentary that I'd been hearing very good things about*». Das kommt mir bekannt vor. Rosie nimmt sich nicht einmal die Mühe, ihre Enttäuschung zu verbergen, wenn mein Freund ein neues Futter kauft, zum Beispiel grillierte Filets im Beutel, um etwas Abwechslung in ihr Leben zu bringen. Ich sage ihm zwar immer wieder, dass Katzen Gewohnheitstiere sind. Sie schnuppert am Napf, macht rechtsumkehrt und läuft aus der Küche. Auf Weihnachten kaufte ich ihr eine Maus mit einer Samichlausmütze, die raschelt, wenn man sie drückt. Rosie hat bestimmt nicht das Gesamtwerk von Schopenhauer erwartet, aber auch mich beschlich der Verdacht, dass sie an einer Stirnlampe oder einem Abseilseil mehr Freude gehabt hätte. Sie ist viel unterwegs, hat ständig Termine, und oft kehrt sie von ihren Meetings und Entdeckungstouren mit Spinnweben an den Schnauzhaaren und staubigen Füssen zurück.

Verunsichern tut mich aber eindeutig Fritz. Jeden Morgen sitzt er in der offenen Tür auf der Schwelle zum Bad und schaut mir beim Duschen und Anziehen zu, und ich wäre nicht überrascht, wenn er eines Tages zu sprechen anfangen würde und sagte: Geh heute nicht fort.

Man könnte jetzt Rückschlüsse ziehen von den Tieren auf die Persönlichkeit ihrer Halter. Soldaten lieben Hunde, Künstler lieben Katzen. Aber meist kommt dabei nichts Schlaues heraus. Vielmehr beschäftigt mich eine andere Frage. Lieben mich meine Katzen? Während bei Hunden niemand mehr bezweifelt, dass sie ihre Besitzer lieben, gehen bei Katzen die Meinungen auseinander. Es gibt Leute, die Hunde für klüger halten, bloss weil Hunde wie Menschen sein wollen. Für sie sind Katzen viel zu selbstbezogen, als dass sie ihre Zuneigung jemand Bestimmtem vorbehalten würden. Katzen, sagen sie, wählten niemals einen Menschen aus, an den sie sich besonders hängen. Diese Skeptiker haben eine besondere Freude daran, Katzenhalter mit dem Hinweis zu quälen, ihre Katzen sähen in ihnen nichts weiter als einen Büchsenöffner auf zwei Beinen. Zum Beweis ziehen sie etwa den Film heran, den sie auf BBC gesehen haben: Britische Forscher haben fünfzig Katzen einer kleinen Stadt mit GPS und Mikrokameras um den Hals ausgestattet, um zu erfahren, welche Wege sie gehen, sobald sie durch die Katzentür entschwinden. Die Katzen waren so frei, dies eine der Entdeckungen, ihrem Zuhause gegenseitig einen Besuch abzustatten. Sie schienen sich beim Nachbarn genauso wohl zu fühlen, solange sie von ihm bewirtet wurden.

Fritz und Rosie müssten schon sehr ausgehungert sein, um eine Pfote in fremde Häuser zu setzen (abgesehen davon können sie das gar nicht, aber dazu später). Natürlich kenne auch ich Fälle, wo es zu Streit gekommen ist, weil die Katze dort einzog, wo sie einen stets gefüllten Napf vorfand. Aber vielleicht gab es dafür auch andere Gründe: eine neue Katze, ein neues Sofa, die Ankunft eines Kindes, der Wechsel zu SHEBA. Trotzdem muss ich es von einem Wissenschaftler wissen: Bin ich für meine Katzen wirklich austauschbar? – «Ich will das nicht glauben.»

Alan Wilson vom ROYAL VETERINARY COLLEGE in Hertfordshire hat die Studie für BBC geleitet. «Ich denke, Sie kennen die Antwort!», mailt er zurück. «Katzen mögen Sicherheit, keine Konflikte, Essen, Wärme, Gesellschaft – manche vielleicht mehr als andere. Ich bin mir nicht sicher, was Liebe da zu suchen hat.» Zudem sei eine Katze kein Rudeltier wie der Hund: weniger sozial, weniger bindungsfähig.

Alan mag die technischen Geräte beherrschen, mit denen er die geheimen Wege von Tieren aufzeichnet, aber er hat bestimmt noch nie mit Katzen gelebt. Tatsächlich entschuldigt er sich, die Zuneigung von Haustieren sei nicht sein Kerngebiet. Also braucht es andere Quellen. Zum Beispiel einen Rückblick auf den Anfang der domestizierten Katze. Katzen mögen sich als Mittelpunkt der kleinen Welt sehen, in der sie sich bewegen, sie ignorieren jeden Erziehungsversuch, sie suchen nicht den Anführer, dem sie sich unterordnen können und der sie dafür beschützt. Und doch haben sie Gesellschaft gesucht, und das schon vor 4000 Jahren oder noch früher, jedenfalls seit Menschen Ackerbau betreiben. Die Vorfahren von Fritz und Rosie entdeckten die Kornspeicher, die QUALI-PETS von damals, in denen sie Mäuse und Ratten jagten, und sie wurden dabei satt. Die Menschen verdankten ihnen die Bekämpfung der Schädlinge und luden sie an Winterabenden ans wärmende Feuer ein, sie füllten ihnen eine Schale mit Milch und liessen sie auf ihren Schoss springen. Vielleicht fühlten sich die Menschen selbst etwas allein, ihre schwieligen Hände strichen über das Fell, und verwundert und zufrieden hörten sie, wie die Katze auf ihrem Schoss zu schnurren begann. Draussen lag Schnee, und aus dem Kamin stieg Rauch in kleinen Wolken.

Es war der Beginn einer langen und wechselvollen Beziehung. Die alten Ägypter verehrten ihre Katzen, sie trugen Trauer, wenn sie starben, rasierten sich die Augenbrauen ab, die Bestattung geriet zur Feier. Im Mittelalter wiederum betrachtete die Kirche Katzen als Teufel: Die Pariser verbrannten sie rituell im Beisein des Königs, im belgischen Ypres warf man sie zum Festival vom Turm. Liebe und Hass, das wird Katzen bis heute entgegen gebracht. Der Schriftsteller Jonathan Franzen, ein Vogelschützer, lässt in seinen Büchern Hauskatzen entführen, Leute wie er würden Katzen am liebsten zur Jagd freigeben. Deshalb würde ich Rosie und Fritz nie ein Buch von ihm schenken. Auf der anderen Seite die masslose Verwöhnung, Leute wie ich, die nicht widersprechen, wenn ihre Katze den besten Sessel im Haus beschlagnahmt, und die schon fast erwarten, dass man das nährstoffreiche Futter bald mit Croutons oder geriebenem Parmesan als Supplement kaufen kann.

Die Gemeinschaft mit Menschen hat Katzen gewiss menschenfreundlicher gemacht, aber nicht so freundlich, dass sie allen Menschen gleich gut gesinnt wären. Was auch besser so ist, wie man sieht. Katzen ziehen jene Menschen vor, die besonders nett zu ihnen sind, nicht anders als die Menschen selbst.

Trotzdem trifft Alan, der Techniker von bbc, einen wunden Punkt. In raren Momenten kommen auch mir Zweifel, ob Fritz und Rosie nicht nur so tun, als würde ich ihnen etwas bedeuten. Etwa wenn ich nach Hause komme und Fritz schon hinter der Wohnungstür wartet. Er begrüsst mich mit einem Maunzen, läuft ein paar Schritte davon, zeigt mir den Rücken, um sich darauf flach wie eine Flunder mit abgespreizten Hinterpfoten hinzulegen. Er erwartet Liebkosungen, schnurrt, stupst seinen Kopf gegen meine Stirn. Dann steuert er die Küche an. Sobald er gefressen hat und ich mich niederknie und ihm die Stirn hinhalte, um seinen Dank zu empfangen, weicht er zurück. Dasselbe, wenn ich traurig bin. Sie streichen kurz um mich herum, ich drücke mein Gesicht in ihr weiches Fell, aber kurz bevor ich gerührt von ihrer Anteilnahme noch rührseliger werde, laufen sie davon und setzen sich vor den Futternapf. Ich gebe zu, ich bin dann immer etwas enttäuscht. Jedenfalls höre ich sofort zu weinen auf und werfe ihnen vor, dass sie kein Trost, dafür selbstbezogen und verfressen sind.

Seit ich eine Tierärztin kennengelernt habe, die früher bei einer Pharmafirma Tierversuche durchgeführt hat, drohe ich ihnen manchmal, ich würde sie an NOVARTIS oder ROCHE verkaufen. Aber auch das zeigt keine Wirkung.

Die Fütterungstheorie wird widerlegt

Eigentlich weiss ich, dass meine Katzen mich sehr wohl lieben. Sie sind nicht bloss abgerichtet auf ein Verhalten, das auf Konditionierung beruht, wie einer von Pawlows Hunden, dem der Speichel tropfte, wenn er den Glockenton hörte, das Signal, dass es zu fressen gab. Der Hund tropfte auch dann, wenn er nur den Glockenton hörte ohne Fütterung. Auch wenn Fritz und Rosie an Ort und Stelle sind, sobald sie hören, dass die Schublade mit ihrem Futter geht, heisst das nicht, dass sie nur ein wohlgenährtes Bündel von Reflexen sind. Glücklicherweise sabbern sie auch nicht. Sie reagieren zwar auf Reize; oft bleibt aber im Dunkeln, warum sie dies oder jenes tun. Das Leben mit Haustieren wäre geheimnislos, wenn wir ihre Motive reduktionistisch wie Evolutionsbiologen mit dem Hinweis auf ihre Vorfahren zu erklären versuchten. Babys galten auch mal als dumm, sie lächelten reflexartig und schrien nur, weil ihnen etwas wehtat. Heute bestreitet niemand mehr, dass schon Babys intellignete Wesen sind, die sich neugierig und zielgerichtet verhalten. Überhaupt könnte man die Sprache des *Behaviorismus* auf alles anwenden: Dann würden auch wir uns nur verlieben, um unsere Gene weiterzugeben. Es ginge nicht um Liebe, sondern wir antizipierten bloss den sexuellen Kontakt und die daraus hervorgehenden Kinder. Warum nicht auch in Haustieren mehr sehen als Wesen mit Appetit und Instinkten? Etwa, indem man sich einfühlt: Mag sein, dass Rosie und Fritz abends zur Haustür eilen, sobald sie den Schlüssel im Schloss hören, weil sie wissen, dass es gleich zu fressen gibt. Man könnte dieses Verhalten aber genauso mit Begriffen wie Verlangen, Hoffnung und Zuneigung beschreiben. Rosie und Fritz wirken froh über unsere Gesellschaft. Sie laufen uns nach, als hätten sie uns den ganzen Tag vermisst. Sie mögen es, wenn wir zärtlich reden, sie streicheln oder auf dem Sofa sitzen, so dass Fritz sich mit vollem Bauch in den Spalt zwischen meinem Rücken und der Lehne drängt und seine Schnurrmaschine anwirft, wie mein Freund sagt. Sind wir mehrere Tage weg, sind beide danach anhänglicher. Zwar gewinnt die Katzenhüterin nach und nach ihr Zutrauen, aber sie halten trotzdem immer Distanz: vertrauen Fremden weniger. Sie legen sich nicht in ihre Armbeuge wie Fritz und rollen sich nicht auf ihrem Schoss ein wie Rosie.

John Bradshaw ist einer der wichtigsten Forscher, die das Verhalten von Hunden und Katzen untersuchten. Zwar gehört auch dem englischen Biologen mein Misstrauen, seit ich in seinem Buch *Cat Sense* gelesen habe, dass Katzenbesitzern nicht zu trauen sei. Um Einblicke in die Persönlichkeit von Katzen zu erhalten, schreibt er, seien die Aussagen ihrer Besitzer oft wenig verlässlich, da sie *biased,* parteiisch seien. Deshalb beobachtet er für seine Studien nur fremde Katzen. Das sagt er zwar und hält sich doch nicht daran. Denn er lebt selber mit Katzen, und wie es sich für einen Katzenbesitzer gehört, ergänzt er seine Befunde mit persönlichen Geschichten. Die Hälfte der Freude, ein Haustier zu halten, besteht darin, über es zu reden. So erzählt Bradshaw ausführlich vom Begrüssungsritual seiner Katze *Splodge,* was so viel wie Klecks heisst: Immer abends, nachdem er von der Arbeit nach Hause gekommen ist und die Autotür geöffnet hat, ist Splodge auf den Nebensitz gesprungen, hat die Vorderpfoten auf seine Beine gestellt und ihren Kopf an seinem gerieben. Dabei, so der Professor mit Genugtuung, sei es seine Frau gewesen, die Splodge hauptsächlich gefüttert habe. So gewinnt er mich.

Die Bindung von Katzen an Menschen sei nicht bloss auf einen Nutzen ausgerichtet, schreibt Bradshaw und bezieht sich auf seine vielen Laborversuche. Es müsse eine emotionale Grundlage geben. Als Beleg dafür erwähnt er eine weitere Beobachtung: «Da wir wissen, dass Katzen gegenüber andern Katzen Zuneigung empfinden können, warum sollten sie nicht dieselben Gefühle gegenüber ihren Besitzern haben?» Auch unter ihresgleichen verteilen Katzen ihre Liebe nicht gerecht. Bevor wir Rosie fanden, probierten wir es mit einer anderen jungen Katze. Die Besitzer, ein schwarz gekleidetes Paar mit bleichen Gesichtern und vielen Piercings, brachte sie an einem Sonntag zum Beschnuppern. Aber Fritz fauchte, zog sich unter die Bettdecke zurück und zeigte sich für den Rest des Nachmittags nicht mehr. Die junge Katze schien ihn cool zu finden, doch Fritz hatte seine Gründe. So nahm das Paar seine Katze wieder mit, und Fritz blieb vorerst allein.

Rosie hingegen hat Fritz sofort den Kopf verdreht. Und trotzdem teilt er das Futter nicht brüderlich mit ihr. Fressen und Liebe bedingen sich nicht gegenseitig, sagt Bradshaw, weder zwischen Katze und Mensch noch zwischen Katze und Katze. Fritz drängt, nachdem er seinen Teller geleert hat, Rosie zur Seite und macht sich über ihren Teller her. Es ist das Recht des Älteren, mehr noch, des schieren Volumens. Und trotzdem liebt Fritz Rosie, so wie Rosie Fritz liebt. Sie teilen sich die meisten Schlafplätze, sie lecken und sie raufen sich. Das spricht eindeutig dagegen, dass die Liebe einer Katze nur derjenige erhält, der sie füttert. Auch wenn sich zwei Katzen aneinander reiben, sei das ein Zeichen, dass sie sich zugetan sind, sagt der Forscher. Aber auch dafür erhalten sie weder Fressen noch sonst eine Währung. Ein flüchtiges Streifen, ein kurzes Stupsen, dann gehen beide wieder ihren Weg. Bradshaw schreibt: «Solch ein Austausch ist ein Zuneigungsbekenntnis zwischen den zwei Tieren – nichts mehr, nichts weniger.»

Leider rivalisieren wir im Fall von Rosie mit Stuhlbeinen und Türrahmen. Rosie streichelt sich manchmal lieber an Wänden, als sich von uns streicheln zu lassen. Berührt die Hand ihr Fell, streckt sie den Rücken durch und faltet ihn wieder ein wie eine Handorgel, so lästig scheint ihr die Zärtlichkeit. Kurz darauf streckt sie ihr Kinn einer Kante hin, um sich daran zu kraulen. Während Fritz mir seine Liebe oft mit einem Schwedenkuss zeigt, vor allem früh morgens, stupst Rosie ihren kleinen Schädel viel schüchterner an meine Stirn. Rosie ist eine nervöse Katze, die ihre Berührungen streng einteilt. Manchmal rennt sie mir unter den Händen davon und putzt sich an der Stelle hektisch das Fell, an der ich sie soeben gestreichelt habe. Verhaltensforscher trösten mich, Katzen würden auf diese Weise das vom Streicheln zerzauste Fell glätten; als streichelte ich es in Gegenrichtung. Andererseits, sagen sie, wolle eine Katze so ihren Eigengeruch wieder durchsetzen, der vom Geruch meiner Hände überlagert wird.

Weil Fritz mich nie so abweisend behandelt, leuchtet mir eher die Sicht von Tierpsychologen ein: Rosie habe es an einer frühen Bindung gefehlt. Wenn eine Katze in den ersten acht Lebenswochen wenig Kontakt zu Menschen hat oder nur zu einer bestimmten Person, misstraut sie Menschen erst einmal. Je mehr verschiedene Leute sich mit ihr abgeben, desto menschenfreundlicher wird sie, als würde die gesamte Menschheit in einer Gestalt auf zwei Beinen zusammengefasst. Mir ist ehrlich gesagt lieber, Rosie nimmt mich als mich wahr. Trotzdem deutet ihre Scheu vor zu heftig vorgebrachter Liebe darauf hin, dass ihr Start ins Leben eher lieblos verlief.

Dann lag Rosie in unseren Händen

Wir bestellten Rosie bei einer Katzenzüchterin, die eine Autostunde entfernt auf dem Land lebt. Wir waren uns bald einig, dass Fritz Gesellschaft braucht, gerade weil wir reisen. Trotzdem dauerte es wieder ein Jahr, bis wir uns für eine zweite Katze entschieden hatten.

Erträgt Fritz eine andere Katze?

Kann sie an Hübschheit mit ihm mithalten?

Sind die 350 Franken, die sie kosten soll, nicht übertrieben?

Die Wohnung, wo wir Rosie im Juli 2011 holten, war vollgestellt, es roch nach Fell in geschlossenen Räumen und dem Abfall, den Katzen hinterlassen. Sie sassen auf Katzenbäumen schon im Gang und starrten uns an, ihre Augen im Halbdunkeln, herablassende Blicke. Einem Kater fehlte ein Bein, er sei zwischen ein Kippfenster draussen im Gewächshaus geraten, erzählte uns die Züchterin. Von dem Wurf mit vier Jungen war Rosie, die damals noch nicht Rosie hiess, für uns übriggeblieben. Sie war die Kleinste von allen und schlief im Gehen ein, während die drei andern Katzen an ihren neuen Besitzern

herumturnten. Ihre Stirn war von einem schwarzen Vorhang zweigeteilt, über ihren Rücken zog sich schwarzes Fell wie ein Mantel, und wir hatten insgeheim das Gefühl, mit dieser Katze das schlechteste Los gezogen zu haben. Rosie hatte grosse Ohren, durch die das Licht schimmerte, und ich fragte die Züchterin, ob das normal sei. Die Züchterin hatte gerade eine Katze von der Küchenablage verscheucht, auf der Fisch offen auf einem Papier herumlag. Die Frau schimpfte und lachte, spülte die Filets ab und versorgte sie im Backofen. Sie sagte: Die Ohren würden nicht mehr auffallen, sobald die Katze grösser sei.

Dann lag das Fellknäuel in unseren Händen. Was hätte da noch gegen Rosie sprechen können? Wie Eltern, für die ein halbwegs hübsches Kind noch immer hübsch ist, begannen wir das Unverwechselbare an Rosie zu sehen. Die rosa Nase, die weissen Pfoten, die seidigen Haare, und einmal aufgefüttert, gerieten auch Ohren, Kopf und Körper ins Gleichgewicht. Auch Rosie hat eine Norwegische Waldkatze im Stamm, seit diesem Winter trägt sie den Bart noch länger als Fritz. Sie ist aber zierlicher. Manchmal gleicht sie Kate Moss. Vielleicht ist sie so lebendig, weil sie die ersten Wochen ihres Lebens verschlafen hat. Neugierig und furchtlos klettert sie überall hoch und hinein, als müsste sie aufholen, was ihr anfangs entgangen ist.

Deshalb wäre Silja, ihr ursprünglicher Name, auch nichts gewesen für Rosie. Silja scheint mir ein Name für eine Nonne und nicht für eine Katze, die in den bisherigen dreieinhalb Jahren ihrer Existenz meine Lederjacke in Fetzen gerissen hat, als sie an der Garderobe Hochsprung übte, die gerne die Wirkung der Schwerkraft auf herumliegende Handys testet, auf dem Terrassengeländer spazieren geht und mit ihrem kleinen Raubtiergebiss Kartonschachteln zerlegt. Warum wir sie gerade Rosie tauften, weiss ich nicht mehr.

Wir haben unsere Kosenamen. Ungeziefer, nennt sie mein Freund. Ratten. Fress- und Kackmaschinen. Stinker. Wurst. Pelzkugeln, sage ich. Fellmonster. Katzentiere. Ich sage: Fritzbold.

Fritzo.

Fritzi.

Fritzer.

Dickmops.

Rosalin.

Roseli.

Rosamunde Pilcher.

Rosebud.

Kleine Maus.

Ist ein Paar seinen Katzen ein Vorbild, Herr Turner?

Um Rosie gerecht zu werden: Auch sie hat ihre anhänglichen Momente. Sie putzt mich jeden Morgen. Wahrscheinlich denkt sie, ich hätte es nötig. Sie macht sich zu früher Stunde, wenn von mir noch keine Zuwendungen zu befürchten sind, über mein Gesicht her. Die Behandlung mit ihrer rauen Zunge gibt es oft im Package mit einer Kopfmassage, sie arbeitet ihre Pfoten in meine Haare ein und fährt die Krallen aus. Dazu schnurrt sie. Die Rolle der Katzenmutter oder des grossen Katzentiers, als das mich Rosie sieht, behagt mir nicht so richtig. Dankend verscheuche ich sie aus dem Zimmer, aber bald sitzt sie wieder auf mir wie ein Nachtmahr.

Vielleicht erwartet Rosie, ich würde sie zurückputzen, aber nein: Sie erwartet es von Fritz. Er steuert auf sie zu und leckt sie so heftig, dass er ihr den Vorhang auf der Stirn zurückzieht, den schwarzen Felleinsatz. Manchmal nimmt er sie mit der Pfote in die Zange; dann wieder gesellt sie sich zu ihm und bietet ihm ihren Hals an, damit er ihren Bart glattstreicht. Meistens artet das Lecken in Kampf aus, weil Fritz Küssen mit Beissen verwechselt und Rosie ihn, wie sie es seit Anfang macht, mit ein paar Ohrfeigen in die Schranken weist. Sie wirft sich mit Anlauf auf den Pelzberg und gräbt sich zur Katze vor.

Sie rennt sodann durch die Katzentür auf die Terrasse, rennt die ganze Länge ab, er hinterher, um sich – Tierheime hören jetzt besser weg – mit Schwung aufs Geländer zu retten, wo der ängstliche Fritz sie nicht mehr erreichen kann. Kurz: Rosie und Fritz lieben einander.

Frage an Dennis C. Turner, den berühmtesten Katzenforscher der Schweiz: Könnten wir als Paar für unsere Katzen ein Vorbild sind? Nicht, dass wir dieselbe Angewohnheit hätten, wir jagen uns selten durch die Stube, nachdem wir uns unsere Liebe beteuert haben. Aber vielleicht sind sich Fritz und Rosie so zugewandt, weil sie sehen, wie mein Freund und ich es sind. Jedenfalls meistens.

Dennis C. Turner bezweifelt, dass Katzen wie Kinder das Verhalten ihrer Eltern kopieren. Sie würden sich auch nicht gegenseitig nachahmen, obwohl Rosie auffällig oft die Plätze belegt, die sich Fritz angeeignet hat. Aber das hat wohl eher mit dem Geruch zu tun, den Fritz dort hinterlässt und den Rosie gerne riecht, oder mit ihrer Rangordnung untereinander. Ihre Verbundenheit sei auch nicht damit erklärbar, sagt Turner, dass in beiden Norwegerblut fliesst. Und von meiner paarpsychologischen Deutung hält er gar nichts: Unsere Katzen wären zwar bestimmt verschreckter, wenn wir uns die ganze Zeit anschreien und Tassen nach uns werfen würden. Aber ihr Umgang miteinander wie auch mit uns sei von ihrer Sozialisation beeinflusst, abhängig vom Kontakt, den sie in den ersten Wochen zu Katzen und Menschen hatten. Es scheint, sagt er, als hätten sie diesen positiv erlebt.

In diesem Fall muss ich die Karte gegen meinen Freund ausspielen. Warum haben mich unsere Katzen lieber als ihn? Zuerst entkräftet auch Turner, ein Biologe, der lange an der Universität Zürich gelehrt hat, die Fütterungstheorie. Er hätte mit seinen Diplomandinnen in Tests stets herausgefunden: Wenn man eine Katze nur füttert, ohne mit ihr zu reden oder sie zu streicheln, verschwindet die Vorliebe der Katze für die fütternde Person nach spätestens zwei Wochen. Was ist es dann? Auch mein Freund streichelt Rosie und Fritz und spricht mit ihnen.

Dass sie auf mich bezogen sind, dafür gäbe es drei mögliche Gründe, sagt Turner. Als Frau hätte ich erstens eine hellere Stimme, darauf würden Katzen mit ihrem ausgeprägten Gehör für hohe Frequenzen besser reagieren. Zweitens könnte ich mit meiner Körpersprache etwas ausstrahlen, das ihnen behagt. «Drittens», sagt er, «können Katzen eine individuelle Präferenz haben, unabhängig von Geschlecht und Stimme. Sie bevorzugen eine ganz bestimmte Person – warum auch immer.» Endlich eine befriedigende Antwort: Katzen wären keine Katzen, wenn es den dritten Punkt nicht gäbe. Endlich auch ein Hinweis auf jene Beobachtung, die jeder Katzenbesitzer macht: Es kommt Besuch, und die Katze schenkt ihre sparsam gerichtete Liebe ausgerechnet jenem Gast, der sie am wenigsten verdient, da er sie nicht schätzen kann; oftmals den Allergikern. Jede Katze sei eine Persönlichkeit, schliesst Dennis C. Turner ab, nicht austauschbar für den Besitzer; genauso wenig sei für die Katze eine Beziehung durch eine andere ersetzbar.

Um die ermutigende Rede des Forschers zu verstehen, genügt ein Blick auf seinen Computer. Der Bildschirmschoner zeigt seine Katze Joy, einen Tiger, die vor kurzem gestorben ist. Die Urne mit ihrer Asche steht oben in seiner Wohnung.

Die Gefühlsspeicher

Das würde ich nie tun: ihre Asche aufbewahren. Ich möchte mich nicht mit toten Katzen umgeben. Ihr Körper legt ja schon jetzt eine bleibende Spur. Fritz und Rosie hinterlegen unermüdlich ihre Haare. Eine Bekannte erzählte, wie sie noch Jahrzehnte später Haare ihres Katers auf den frisch gewaschenen Laken vorfand. Ich entdecke sie im Hotelzimmer auf Hawaii, sie haften am Abendkleid auf der Party. Oder ich merke, dass ich sie auf mir trage, wenn sich ein reizbarer Mensch bei unserem Treffen immerzu die Augen reibt, als würde er nicht glauben, was ich sage; seine Augen jucken. Manchmal denke ich, auch uns bringen sie eines Tages noch um. Ich sehe schon den Film, in dem die Bewohner eingeschlossen in ihrer Wohnung langsam unter der Haarlawine ersticken. Zuerst waten sie in den Katzenhaaren, die ihnen bald bis zur Hüfte reichen, schliesslich wachsen diese ihnen über den Kopf. Ich kämme Fritz und Rosie häufig, was beide zu hassen vorgeben, aber sie schnurren dabei. Ich rolle und rolle mit dem Kleiderroller, Sisyphos rollte nicht strenger. Mein Freund saugt fast täglich die Fussel auf. Er träumt von einem Roboterstaubsauger, der den Kampf gegen die Haare aufnehmen würde, auch dann, wenn wir nicht da sind. Ich glaube, der Roboter hat es ihm angetan, weil in der Fernsehwerbung eine Katze darauf sitzt und durch die Wohnung fährt. Aber Fritz sähe darin doch bloss ein Ufo, vor dem er sich unter die Bettdecke retten würde, und Rosie jagt statt Seelenloses lieber kleine Mücken.

Wir schauen ihr oftmals dabei zu. Das Katzenkino in 3-D ist zu einer beliebten Beschäftigung geworden. Als machte sie Tai Chi, so schlägt Rosie ihre weissen Pfoten in die Luft. Sogar Fritz unterbricht seinen Schlaf und hebt den Kopf, meist verfolgt er das Geschehen mit Empörung.

Wir lieben die Filme:
— Katze, eine Pirouette auf der Schwelle zur Küche drehend
— Katze, sich 53 Mal die Pfote leckend und über das Gesicht fahrend
— Katze, anderer Katze auflauernd, die Angriff voraussieht und trotzdem erschrickt
— Katze, einen Buckel machend
— Katze, kauernd mit geschlossenen Augen meditierend
— Schlafende Pelzkugel, sich hebend und senkend
In diesen Momenten wird die Frage, ob sie mich lieben, nebensächlich. Sie nehmen alle Gefühle, die man an sie richtet, in sich auf und strahlen sie als Wärme ab. Ich hätte nie gedacht, wie viele unserer Gefühle Katzen speichern können. Fritz und Rosie sind Gefühlsspeicher. Bei ihnen gibt es unsere Liebe vorrätig.

Liebe unter Verdacht

Manchmal machen sich die Leute Sorgen. Sie sagen: Pass auf, dass du nicht eine dieser verrückten Katzenladys wirst, die mit zunehmendem Alter Katzen lieber haben als Menschen. Vielleicht ja, wird man sonderlicher, wenn man mit Katzen lebt. Jedenfalls im kleinen vertrauten Kreis, wo man sich selbst bleiben kann. Der Hinweis ist trotzdem daneben, denn hat man die Gesinnung, die dahinter steht, im Mittelalter nicht zum Anlass genommen, Frauen als Hexen zu verfolgen? Solange die Liebe den Tieren nicht schadet, sehe ich nichts Kriminelles darin. Die Katzen, vor allem jene, die auf der Strasse aufgelesen oder vor dem Ertränkungstod gerettet werden, wird es kaum kümmern, ob Brigitte Bardot den FRONT NATIONAL wählt. Hinter meinem Rücken werden die Leute auch reden, dass meine Katzen Kinder ersetzen. Aber das tun sie so wenig, wie ich sie als Hobby bezeichnen würde. Sondern sie sind meine Freunde, einfach etwas kleiner, haariger und selbstbezogener als die meisten meiner Freunde. Mit Freunden macht man gewisse Dinge, andere lässt man bleiben. Carole und Bruno zum Beispiel sind Freunde, trotzdem würde ich mir kein Tattoo mit ihrem Namen stechen lassen oder ihr Gesicht bedruckt auf einem T-Shirt tragen wollen.

Und so ist es mit Rosie und Fritz. Ich liebe Katzen, aber ich mag den Hype um Katzen nicht und auch nicht das Geschäft, das man aus ihnen macht. *Grumpy Cat* – eine Katze, ein Star? – kenne ich nur vom Hörensagen. Das Musical *Cats,* in dem sich Menschen als Katzen verkleiden, würde ich nie freiwillig besuchen. Ich würde nie Videos von Rosie und Fritz auf YOUTUBE stellen, denn es wären bloss Aufnahmen von zwei Katzen. Ich sehe etwas in meinen Katzen, das niemand sieht. Deshalb schaue ich mir auch selten Katzenfilme an: als würde einem befohlen, etwas herzig zu finden, das alle herzig finden. Ich freue mich über Geburtstagskarten mit Katzensujets, aber genauso freue ich mich über Karten von Roy Lichtenstein oder einem alten Baum vorne drauf.

Das Seltsame ist, man wird als Haustierhalterin auch für die eigentlichen Tierfürsprecher verdächtig. Sie werfen einem Missbrauch vor. Das sind zum Beispiel Leute, die kein Fleisch, keine Eier und keinen Käse essen und weder Wolle noch Seide tragen. Wie konnte ich das wissen: Als ich einmal einen Artikel über Veganer schrieb, versuchte ich, mich den Veganern, die ich darin porträtierte, über die Begeisterung für meine Katzen zu nähern. Ich wollte so das Eis brechen. Doch die Veganer blieben ungerührt. Um vegan zu leben, belehrte mich der Präsident einer Veganer-Vereinigung, müsse man kein *animal hugger* sein, Tiere umarmen wollen. Er selber mache sich wenig aus Tieren. Im Gegenteil, sagte er: Haustierbesitzer benutzten

Haustiere für ihre Zwecke. Er liess meinen Einwand nicht gelten, dass Tiere Menschen guttun und man in Heimen sogar mit ihnen therapiert. Eben, sagte er, wir meinten bloss, sie täten das gern: «uns unterhalten. Aber Katzen sind Wildtiere, die wir ihrem natürlichen Dasein entfremdet haben».

Eine andere Veganerin brauchte sogar das Wort «instrumentalisieren». Tiere würden überall dort instrumentalisiert, wo ihre Bedürfnisse als weniger wichtig bewertet würden als unsere eigenen. Sie selbst hatte ein Haustier, einen Hund, Jacky. Jacky sei ein Golden Retriever, antwortete sie auf meine höfliche Frage, als sich mir das Tier bei der Begrüssung aufdrängte. Sie ernährte ihn ebenfalls vegan, es fehle ihm nichts, beteuerte sie, er sei für seine vierzehn Jahre äusserst gelenkig. Jacky war jedoch blind, deshalb mochte es ihr Frauchen nicht, wenn Kinder sie mit ihren tapsigen Händen streichelten.

Nach dieser Erfahrung fragte ich Rosie und Fritz, ob sie sich ausgenutzt fühlten. Ob sie lieber auf einem Bauernhof leben würden, wo sie nur «Katze» heissen, im Kuhstall schlafen und es zum Fressen nichts als Mäuse gibt, die sie erst fangen müssen. Oder ob sie, variierte ich mein Angebot, in Zukunft auf Fleisch verzichten wollten, sie befänden sich hier ja nicht in freier Natur. Auch Katzen kann man nämlich vegan ernähren. Um ihnen das Angebot schmackhaft zu machen, wiederholte ich, was ich von den Veganern auf meine Frage häufig zu hören bekommen hatte: Tiere in der Wildnis, die andere Tiere reissen und fressen, sind keine moralischen, vernunftbegabten Wesen, deshalb kann man ihnen auch nicht vorwerfen, dass sie anderen Lebewesen Leid zufügen. Aber, setzte ich meine Rede fort, kann man von Hauskatzen, die nicht nach draussen können, nicht etwas mehr Verstand und Disziplin erwarten? Als Antwort stürzten sich Rosie und Fritz auf den Napf mit dem Trockenfutter. Natürlich *light,* kalorienreduziert.

Ein Resultat sieht man bis heute nicht. Das Futter ist ein Betrug, aber es verhält sich wahrscheinlich wie beim Diätessen für Menschen: Weil es weniger Energie enthält, essen die Katzen dafür das Doppelte. Nur so ist zu erklären, dass sie es bald als erste Kleintiere auf Pfoten geschafft haben, Trampelpfade in der Wohnung zu legen, die alle vor der Küche zusammenlaufen.

Wenn unsere Katzen auch zu nichts zu gebrauchen sind, so eignen sie sich doch als häusliches Ornament. Sie sitzen so dekorativ herum, dass wir uns den Porzellanpuma oder die Bananenpalme sparen können, um damit das Heim zu schmücken. Sie machen sich gut auf der Lehne des neuen Ledersofas, für das wir uns entschieden haben, nachdem Fritz das alte Sofa aus Stoff nicht nur zur Krallenpflege, sondern auch für seine Surf- und Hangelpartien benutzte. Wenigstens einmal war er aktiv: Er legte sich auf den Boden und zog sich von einem Sofaende zum andern am Sofa entlang. Mein Freund wollte eine Wasserpistole kaufen, aber ich redete es ihm aus, stattdessen gingen wir ins Möbelgeschäft. Aus Sympathien zum veganen Gedanken soll es unser letztes Möbelstück sein, für das Tiere sterben mussten. Wir haben noch ein zweites älteres Sofa aus rotem Leder. Wenn Fritz mit seinem rostigorangen Fell auf dem roten Sofa sitzt, tut das farblich dem Auge weh. Aber das sage ich Fritz nicht.

Auf dem Weg zur Hochzeit

Jean Cocteau hat gesagt: «Ich liebe die Katzen, weil ich mein Zuhause geniesse und sie im Lauf der Zeit dessen sichtbare Seele werden.» Katzen verkörpern die Seele des Zuhauses, ihre Anwesenheit füllt die Räume. Auch wenn Rosie sich zuhinterst ins Sideboard verzieht, um auf den Kabeln zu schlafen.

Auch wenn Fritz während Stunden auf der Terrasse Vögel beobachtet und uns dabei vergisst. Sie sind als Gesellschaft unentbehrlich. Sie machen, dass man sich freut, abends nach Hause zu kommen. Sie bringen das Liebevolle in die Welt der eigenen vier Wände und den Trost, wenn sich die Welt verdunkelt. Sie sind die Chiffre, das geheime Zeichen darin; ein verrätselter Text zwischen uns, sogar dann, wenn wir nicht zu Hause sind.

Wie damals an jenem Essen, es war ein unangenehmes Essen mit einem Freund und seiner neuen Freundin, die wir nicht auf Anhieb mochten. Der Abend zog sich hin. In einem unbeobachteten Moment lehnte sich mein Mann zu mir herüber und sagte: «Ich möchte nach Hause, Fritz streicheln gehen.» Ich wusste genau, was er meinte.

Ich nenne ihn jetzt meinen Mann, weil wir inzwischen geheiratet haben. Wir hätten gerne Rosie und Fritz als Trauzeugen angefragt, stattdessen hatten wir gar keine Gäste. Wir errieten beide die Gedanken des andern, als wir das Standesamt verliessen; in einer anderen Stadt, in einem anderen Land. Wir gingen durch das Chinesenviertel zurück zum Hotel, ein Trauerzug versperrte die Strasse, in der vordersten Limousine stand ein Sarg im offenen Kofferraum, geschmückt mit Blumen, und ich sagte: Ich wünschte, Rosie und Fritz wären zu unserer Hochzeit gekommen. Mein Mann nickte.

Das Bild, das ich mir mache

Tage ohne sie sind auch Ferien von ihnen. Es wird nie einen Song geben mit der Zeile: Wer hat die Katze rausgelassen? Der Text wäre ein langweiliger Refrain, denn die Antwort lautet: derjenige, der sie vor einer Minute reingelassen hat. Wer hat die Katze reingelassen? Derjenige, der sie vor einer Minute rausgelassen hat. Türen sind ein typisches Beispiel für das

Launische von Katzen. Was sie in diesem Moment lieben, hassen sie nach einer Minute, ein Ausdruck für das Ja-Nein-Mantra, das Teil ihres inneren Monologs zu sein scheint. Dass Fritz der Weg durch die ganze Wohnung zum Katzentürchen zu beschwerlich ist – okay. Hinter der Angewohnheit aber, neben meinem Schreibtisch vor der Terrassentür miauend um Öffnung derselben zu bitten, damit ich mich, kaum habe ich mich gesetzt, wieder erheben muss, um den ungeduldigen Herrn hereinzulassen, kann ich nur als Spiel mit meiner Dienstbereitschaft sehen. Rosie geht wenigstens bei der ersten Morgendämmerung eigenständig hinaus. Bevor es Tag ist, klopft sie an die Terrassentür: Sie stellt sich dafür auf die Hinterpfoten, streckt sich zu einem Meter Länge aus und trommelt mit den Vorderpfoten gegen das Glas. Es klingt dringend, als sei ihr ein wichtiger Termin in den Sinn gekommen. Dass es die Möglichkeit gäbe, durch die Katzentür ins Haus zu gelangen, dafür hat es in ihrem Denken jetzt keinen Platz. Es reicht nicht einmal für einen Blick für die Türsteherin: Sie schreitet eilig ins Haus, die Sache zu erledigen, die darin bestehen kann, am andern Ende der Wohnung aus dem Katzentürchen zu gehen, weil draussen eine Pflicht ruft, etwa das pressierte Klopfen an die Terrassentür des Schlafzimmers. Überhören kann das ein Mensch nicht in der REM-Schlafphase, und so taumelt entweder mein Mann oder ich von der Tür zurück ins Bett, bis das Ganze von neuem losgeht.

Wir haben das lange zugelassen, weil uns der Mondschein im Zimmer oder der Blick in die Baumkrone beim Aufwachen wichtiger war, als dass wir den Eingriff in unseren Biorhythmus als Stress empfunden hätten.

Warum macht man das mit?

Die Antwort möchte ich mir nicht von Bernhard Kathan erbeten. Bernhard Kathan ist ein Kulturhistoriker und Künstler aus Fraxern in Vorarlberg. Er hält es für angebracht, den Ziegen des Nachbarn mit ein paar Schlägen die Regeln zu erklären, wenn sie sich wieder in seinen Garten verirren. So brauchen sie ihn nach einer Woche nur zu sehen, um durch das Loch im Zaun zurückzukehren. Ich ziehe die erzieherische Funktion von Rollläden vor, die ich mittlerweile abends herunterlasse. Dann schicke ich ein paar nutzlose Ermahnungen nach, die Katzen mögen sich bitte an die Nachtruhe halten. In den Augen Kathans muss das lächerlich wirken. Eine Peitsche bewirke mehr als zärtliche Worte, rechtfertigt er seine Methode. «Was sollte ich einer Burenziege schon sagen? Ich verstehe die Ziegensprache nicht, die Ziegen verstehen meine Sprache nicht, wohl aber die des Stocks.»

Aber auch wenn es einen Kurs in Ziegensprache an der Volkshochschule gäbe, Bernhard Kathan würde ihn nicht nehmen. Denn er kritisiert jede Art von Übersetzungsbemühungen. In seinem Buch *Wir sehen Tiere an* stellt er eine zunehmende Entfremdung des Menschen von den Tieren fest, gerade weil der Mensch Tiere verstehen will und ihnen somit das Fremdsein nimmt: nicht nur jenen Tieren, die er in der hochautomatisierten Landwirtschaft wirtschaftlich nutzt, sondern auch den «Beziehungstieren». Rosie und Fritz. Wir würden nur vorgeben, uns um das Wohl der Haustiere zu kümmern, stattdessen beraubten wir sie jeder Würde. Wir nehmen ihnen den Trieb und füttern sie ab. Wir stellen ihnen sogar ein Kistchen hin, damit sie in unseren Wohnungen ihr Geschäft verrichten können. Ist es dereinst so weit, besorgen wir ihnen den schmerzfreien Tod. Wir respektieren nicht mehr das «Aussermenschliche»: das Tier in seinem Tiersein. Das alles sagt Kathan. Nicht anders als die Veganer, deren Tierutopie der Autor aber keinesfalls gutheisst, hält er mir vor, ich beutete meine Katzen aus wie ein Grossbauer seine Hochleistungskuh.

Einspruch. Tiere werden geliebt, weil sie Tiere sind. Ich liebe Fritz in seinem Fritzsein, etwa wenn er stundenlang draussen vor einem Spalt im Steinboden sitzt, in dem eine Eidechse verschwunden sein muss. Ich liebe Rosie in ihrem Rosiesein, wenn sie schnatternd vor Erregung zu einem Vogel hochschaut, der im Geäst im Baum des Nachbars sitzt. Nie kommen sie mir kätzischer vor als in solchen Momenten, in denen sich die Natur zeigt, die in jeder Katze angelegt ist: als das Fremde, Faszinierende, Unerklärliche. Vertraut werden sie wieder, wenn sie dem Bild entsprechen, das ich mir von ihnen mache. So erging es auch dem Bauern vor hundert Jahren, der seine sechs Kühe namentlich voneinander unterschied. Bella war die Sanfte, Blume starrköpfig. Gewissermassen verhält es sich ähnlich in einer Liebesbeziehung: Man eignet sich den andern mehr und mehr an und überwindet so die Fremdheit; hier oft auf Kosten des Begehrens, denn man begehrt ja gerade das Andere. Bei Tieren kann das Anderssein nicht überwunden werden. Wo unsere Welt jener von Fritz und Rosie begegnet, bleibt immer eine Differenz und ihre Welt uns verschlossen.

Aber ja, gerade weil es Fritz und Rosie sind, die im Zusammenleben mit uns ein ursprüngliches Verhalten zeigen, fesselt es mich umso mehr: als die individuelle Ausprägung eines universellen Katzeseins.

Der Rest Fremdheit erlaubt es mir gleichwohl nicht, meine Katzen zu schlagen, wenn sie etwas tun, das sich nicht gehört – bloss weil sie Tiere sind und meine Sprache nicht sprechen. Oder weil sie ihren Leidensgrad nicht in Worte fassen können und man so auch nie mit Bestimmtheit sagen kann, wie sehr sie leiden, etwa wenn ich sie aus dem Schlafzimmer sperre und ihr Kratzen überhöre.

Gerade Fritz ist ein sehr empfindsamer Charakter. Man sieht ihn oft daliegen, den Kopf auf eine Pfote abgestützt, über das Leben als Katze sinnierend. Er nimmt vieles persönlich, auch wenn kein Anlass dazu besteht. Die Krähen, die über seinen Kopf hinwegfliegen und auf der Dachkante landen. Die Erfindung von SPOTIFY, das die Räume beschallt. Tom, den Kater, der immer unterliegt, im Zeichentrickfilm *Tom und Jerry*. Die mangelnde intellektuelle Ebenbürtigkeit von Rosie. Das ist ganz mein Fritz, so sehe ich ihn. Es muss nicht sein, dass ich damit treffend das Wesen von Fritz beschreibe und mein Mann ihn genauso sieht. In einem Haushalt lebt jeder mit seinem eigenen Haustier, das in seiner Fantasie existiert. Die Rosie meines Mannes ist ein Teenager-Girl, das ziemlich schlau ist, bezeugt durch ihre Neugierde. Meine Rosie ist das unerzogene Kind, das nur Flausen im Kopf hat und quengelt, wenn es etwas will. Manchmal miaut Rosie sogar Wände an. Sie ist ein subversiver Charakter und trägt sich mit dem Gedanken, eine Katzenpartei zu gründen, die alles bekämpft, was ihrem Willen im Wege steht. An ihr scheitert jede Erziehung: An ihr arbeite ich meine Lust am Scheitern ab, ich scheine diese Rolle zu mögen. Dahin geht meine Rosie-Fantasie. Begegne ich einer Katze auf der Strasse oder der Katze von Freunden, sehe ich in ihnen vor allem ein Tier von der Art der Katze. Ich finde Olga cool, weiss nach einer Begegnung mit ihr aber nicht mehr über sie. Deshalb war ich am Anfang auch etwas durcheinander, als Rosie einzog. Da war eine plötzlich gesteigerte Fremdheit Fritz gegenüber, als ob mir Rosie Fritz in seinem Fritzsein streitig machte. Durch die Anwesenheit einer zweiten Katze wurde mein Einzelblick auf meine fantasierte Katze Fritz gestört. Fritz schien sich in eine Katze zu verwandeln. Er sah jetzt eine andere Katze an.

Was denken sie, wenn sie uns anblicken? Etwas Kenntnis in Katzensprache habe ich ja. Mir wäre lieber, ich hätte das nicht just in jenem Moment unter Beweis gestellt, als der Kurier vor der Wohnungstür stand. Ist Fritz mürrisch, wenn er mürrisch dreinschaut? Ich halte es ihm vor. Ich sage: Schau nicht so murrisch! Mit einem *u* statt einem *ü,* intuitiv habe ich das Gefühl, die Katzensprache kennt keine Umlaute. Auch die Stimme erhöhe ich katzengerecht. Doch zugegeben, um zu wissen, was Fritz wirklich denkt und fühlt, müsste ich eine Katze sein. Es gibt dicke Lexika über ihre Körpersprache: wie Katzen sehen, was sie riechen, warum sie welche Laute äussern. Aber niemand konnte bisher sagen, was im Kopf einer Katze vorgeht. Der Philosoph Thomas Nagel hat die Frage 1973 mit einer Fledermaus durchgespielt, seinem Klassiker. In *Wie ist es, eine Fledermaus zu sein?* schreibt er:

«Es wird nicht helfen, sich vorzustellen, dass man Flughäute an den Armen hätte, die einen befähigten, bei Einbruch der Dunkelheit und im Morgengrauen herumzufliegen, während man mit dem Mund Insekten finge; dass man ein schwaches Sehvermögen hätte und die Umwelt mit einem System reflektierter akustischer Signale aus Hochfrequenzbereichen wahrnähme; und dass man den Tag an den Füssen nach unten hängend in einer Dachkammer verbrächte. Insoweit ich mir dies vorstellen kann (was nicht sehr weit ist), sagt es mir nur, wie es für mich wäre, mich so zu verhalten, wie sich eine Fledermaus verhält. Das aber ist nicht die Frage. Ich möchte wissen, wie es für eine Fledermaus ist, eine Fledermaus zu sein. Wenn ich mir jedoch dies nur vorzustellen versuche, bin ich auf die Ressourcen meines eigenen Bewusstseins eingeschränkt, und diese Ressourcen sind für das Vorhaben unzulänglich.»

Auch wenn man es versuchte, erinnert man sich jederzeit ans eigene Menschsein. Für uns Wesen mit einer Sprache, mit der wir unser Erleben, unsere Gefühle und Gedanken abstrahieren, ist es nicht vorstellbar, ein Wesen zu sein, das sich nicht von Worten, sondern von Gerüchen und Geräuschen leiten lässt. Deshalb bleiben die Schauspieler im Musical *Cats* erkennbar Schauspieler. Auch sie sind nur Menschen im Kostüm einer Katze und keine Katzen.

Dass sich Fritz oder wahrscheinlich eher Rosie noch weniger einen Begriff davon machen können, was es heisst, eine Fledermaus zu sein, musste ich an jenem Morgen erkennen, als ein Fledermausbaby in unserer Wohnung lag.

Das philosophische Problem, was das Verhältnis zu allen Tieren betrifft, wird bei Katzen noch auf eine höhere Stufe gestellt. Anders als etwa Hunde, deren Denken sich demjenigen ihres Herrchens anpasst, das also zu erraten keine grosse Kunst scheint, zeigen Katzen geistige Unabhängigkeit. Mit Katzen führt man einen anspruchsvollen Monolog. Dazu müssen sie nur die Augen halb schliessen, wenn man sie ansieht, oder sie blicken einen aus den Augenwinkeln an. Und scheinen sehr genau zu wissen, und wissen sehr wohl. Wir schauen Katzen an und können nicht anders, als für sie Geschichten zu erfinden. Deshalb sind Katzen die poetischsten Tiere. Kein anderes Tier bietet diese Projektionsfläche. Auch Charles Baudelaire muss sie angesehen haben, muss in sie hineingedeutet und aus ihnen herausgelesen haben, um zu schreiben: «In edler Haltung sinnen sie in Weiten / Wie eine Sphinx am Grund der Einsamkeiten». Die Sphinx, der Löwe mit Menschenkopf, von dem Fritz eindeutig etwas hat, prüfte bei den alten Griechen die Menschen mit einem Rätsel, das er ihnen stellte. Die Sphinx tötete sie, wenn sie es nicht lösen konnten. Zum Glück haben unsere Katzen das Triumphieren verlernt. Jedenfalls lassen sie sich nichts anmerken, sollten wir bei der Lösung einmal danebenliegen. Bemerkenswert ist es schon: Wir richten unser Begehren ausgerechnet auf ein Tier, das sich jeder Deutung entzieht. Das hält unser Interesse aufrecht, umso mehr begehren wir, das Tier lesen zu können. Deshalb haben sich

Katzen schon immer als Totem geeignet. Nicht nur in Ägypten wurden sie verehrt, auch durch die Romane von Haruki Murakami gehen sie, weshalb ich lieber ein Buch von ihm statt von Franzen auf die nächste Weihnachtsliste setze. Auf Japanisch heisst der Katzengott Nekogami, er kommt im Shintō-Glauben vor. Überhaupt sind westliche Anhänger der japanischen Kultur oft auch Katzenanhänger: dem schwerer Zugänglichen zugetan.

Weil Katzen undurchschaubar sind, fürchten sich manche Menschen wiederum vor ihnen. Sie finden Katzen hinterhältig, manipulativ und sogar abschreckend weiblich. Sie wollen das allein an den schräg gestellten Augen sehen. Darum: Welches andere Tier schon vereint in sich sowohl das Unheimliche als auch das Göttliche? Wer starrt ins starre Auge eines Froschs und sieht so viel? Einen Frosch anbeten? Das tun höchstens die Amerikaner mit Kermit.

Die meisten haben auch kein Bedürfnis, einen Frosch zu streicheln, und auf einen Frosch redet man selten ein. Frösche kommen einem als Beispiel für anthropomorphe Tiere nicht als Erstes in den Sinn, in Märchen ausgenommen. Katzen aber kann man nicht nicht streicheln, genauso wie man nach Watzlawick nicht nicht kommunizieren kann. Man streichelt sie und spricht dabei mit ihnen. Weil man ein Mensch ist, spricht man zu ihnen als Mensch wie zu einem Menschen. Sie antworten nicht. Wir monologisieren. Und sprechen doch mit ihnen. Es wäre undenkbar, mit Rosie nicht zu schimpfen, wenn sie wieder eine Marmorschildkröte vom Sideboard stösst, damit ich – davon bin ich überzeugt – in irgendeiner Weise reagiere. Aber sie lernt nichts daraus. Alles ist vergebens: diese Lust von Katzenbesitzern, an der Erziehung zu scheitern. Man könnte jetzt darüber nachdenken, warum mir das Scheitern mehr gibt, als mir der Erziehungserfolg geben würde; warum mein Vergnügen an der Interaktion so viel grösser ist als das Bedauern über das zersplitterte Schildkrötenbein.

Weil wir durch sie uns selbst ansehen und zu uns selbst sprechen: Haustiere nehmen im Leben ihrer Besitzer eine Stelle ein, die vorher nicht besetzt war oder leer geworden ist. Sie rufen eine Sehnsucht wach und werden für deren Antwort gehalten. Sie berühren die Angst vor dem Verlust, die auch anderem und anderen gilt. Sie fördern den Humor und verleiten dazu, über sie und über sich selbst zu lachen. Die Urkatze in Rosie und Fritz muss uns für zwei Verrückte halten.

Gleichzeitig sind Haustiere die Geschöpfe der Lebensweise ihrer Besitzer. Wenn es stimmt, dass manche Besitzer ihren Haustieren mit der Zeit ähnlich sehen, dann wäre das das materielle Resultat dieser Wechselbeziehung. Wichtiger ist aber ein unsichtbarer Prozess: Rosie und Fritz ermöglichen uns, verschiedene Rollen anzunehmen, die irgendwo warten wie ein Kleid, das auf unsere Wünsche und Bedürfnisse zugeschnitten ist. Diese Rollen könnte aber auch jemand oder etwas anderes bereitstellen. Menschen, denen wir begegnen und die wir wählen, helfen uns immer dabei, uns über uns selber klar zu werden, vielleicht sogar, einer Wahrheit über uns näher zu kommen: Freunde, ein Geliebter, die eigenen Kinder. Warum sollten Haustiere das nicht auch können? Wir suchen uns in ihnen als die, die wir sind oder sein möchten. Klar, sieht mein Mann als Verlängerung seiner Arbeit mit Jugendlichen Jugendliche in Rosie und Fritz. Mag sein, dass sie halt doch eine Stelle besetzen, die die Kinder besetzen würden, die ich nicht habe.

Haustiere und ihre Besitzer brauchen einander. Auch John Berger, der englische Schriftsteller, bedauert, dass in der Haustierhaltung die Autonomie aller Beteiligten verlorengegangen ist, die des Menschen und die des Tiers. Er schreibt in seinem Essay *Warum sehen wir Tiere an?,* auf den sich Bernhard Kathan, der Ziegenbändiger aus dem vorarlbergischen Fraxern, natürlich bezieht: Das Tier vervollständige seinen Besitzer, indem es auf gewisse Aspekte seines Charakters antworte, die sonst unbestätigt blieben. Der Besitzer «kann für sein Tier jemand sein, der er für niemanden oder sonst nichts ist. Darüber hinaus kann das Haustier in der Weise abgerichtet werden, dass es so reagiert, als wenn es dies auch erkennen könnte. Das Haustier spiegelt einen Charakterzug seines Besitzers, der sonst nie reflektiert wird.» So werde der Besitzer zum Speziellen-Mensch-der-er-nur-für-sein-Tier-ist, und das Tier zum Speziellen-Tier-das-es-nur-für-seinen-Besitzer-ist. Von diesem hängt es in allen seinen physischen Bedürfnissen ab. Es ist das Ende ihre beider eigenständiger Leben.

Weil ich darauf auch gerade nichts zu sagen weiss, habe ich die Passage meinen Katzen vorgelesen und sie um ihre Meinung gebeten. Sie schienen vor allem stossend zu finden, dass John Berger hier Katzen mit Hunden vergleicht. Abgerichtet? An dieser Stelle lief Rosie aus dem Raum, und ich hörte sie wenig später im Kistchen den Sand umschichten. Fritz schloss die Augen und begann zu meditieren.

In jedem Tier sehe ich Rosie und Fritz

Leute, die eine Beziehung kritisieren, die nie gleichwertig sein könne, unterschlagen, wozu uns Haustiere befähigen. Haustiere helfen uns nicht nur, uns selbst zu erkennen, sofern uns daran liegt. Sie vergrössern auch unser Mitgefühl für andere.

Die Welt, in der wir leben und die uns umgibt, ist begrenzt. Anders gesagt: Unser Interesse reicht zwar meist über uns hinaus, aber allzu weit geht es nicht. Zuerst einmal steckt man in der eigenen Haut, ist selbstbezogen und sich selbst der

Nächste, ganz natürlich. Doch weil man ohne andere nicht leben kann, öffnet man den Blick auf die Welten rundherum. Diese Welten werden meistens von Ehepartnern, Liebhabern und Kindern bewohnt. Mit diesen am nächsten stehenden Menschen erschöpft sich meist die Bereitschaft, andere Welten in unsere Welt einzulassen. Der Blick reicht selten darüber hinaus; wir setzen uns nur mit Mühe in weit entfernte Wesen hinein. Doch dann taucht ein neues Wesen auf, das von weiter her kommt, und plötzlich sieht man die Welten, die es viel weiter draussen auch noch gibt. Und man merkt: Das Mitgefühl reicht ja bis dort hinaus.

Adam Gopnik braucht für die Reichweite des Mitgefühls das Bild von Kreisen. Der Mensch, das Individuum befindet sich im Zentrum, sitzt auf seinemPlaneten, der von *circles of compassion* umgeben ist. In seinem Artikel *A Dog's Story* für das Magazin THE NEW YORKER, in dem Gopnik über den Hund schreibt, der in die Familie aufgenommen wurde, führt er aus: Erst durch das neue Geschöpf werden wir uns unserer zentrierten Position gewahr, und so strecken wir uns aus von unserem kleinen Lagerfeuer zu den Wölfen, die irgendwo draussen warten, und immer weiter hinaus Richtung Unbekanntes – bis zu den Tiefseefischen, noch weiter der ganzen Existenz entgegen, dahin, wo jeder Papagei und jedes Moskito ein Individuum ist, wenn wir sie nur sehen könnten. (*«When we realize that we really sit at the center of a Saturn's worth of circles, stretching out from our little campfire to the wolves who wait outside, and ever outward to the unknowable – toward, I don't know, deepsea fish that live on lava and then beyond toward all existence, where each parrot and every mosquito is, if we could see it, an individual».*) Und auf einmal wird man empfänglich für das Leid und die Not anderer. Seit Fritz und Rosie bei uns sind, geht mir jede Geschichte von Tieren nahe, denen Schlimmes zugestossen ist.

Die Katze, die in meinem Heimatdorf von einem Hund totgebissen wurde, ist nicht mehr bloss eine arme tote Katze, sondern ich stelle mir ihre Todesangst und Qual vor. Genauso unerträglich ist es, wenn ein Freund vom benachbarten Bauern erzählt, der die überzähligen Kätzchen ertränkt. Denn die Kreise des Mitgefühls wurden aufgebrochen. Einem Lebewesen muss nicht einmal Schaden zugefügt worden sein: Aber es könnte ihm etwas geschehen. Alle Existenz wird verwundbar. Dank Rosie und Fritz sehe ich in jedem Tier Rosie und Fritz. In der Kuh auf der Weide beim Wandern. In der Maus im Schaufenster des Tierfachgeschäfts. In der Schnecke beim Jäten im Garten. Sogar in den Glühwürmchen, die in den Tropen durchs Moskitonetz leuchteten, sehe ich die Daheimgebliebenen. In den Pelzbordüren der Windjacken, die diesen Winter wieder so viele Leute tragen. In den übriggebliebenen Schokoladenosterhasen nach Ostern im Laden, die bald eingeschmolzen werden. Und als der Kaktus aus meinem Büro verschwand, der über die Jahre sorglos in die Höhe gewachsen war, dachte ich an Rosie und Fritz: dass man ihnen dasselbe antun könnte. Warum sind wir so weich geworden? Ich kenne Bäuerinnen, die, je länger sie mit Tieren leben, immer weniger Fleisch essen, und die eigenen Tiere schon gar nicht mehr. Man kann nicht wissen, wie es ist, eine Katze zu sein, ein Pferd oder ein Kalb, genauso wenig, wie ich als Frau wissen kann, wie es ist, ein Mann zu sein. Aber man kann erahnen, wie Tiere fühlen, wenn sie Schmerz empfinden, wenn sie Angst haben oder Hunger. Man kann für sie in Anspruch nehmen, leben zu wollen, länger als vier Monate oder ein Jahr. Das Mitgefühl geht so weit, ihren Willen zum Leben als ihr Recht anzuerkennen. Man fordert es für sie ein.

Rosie und Fritz sind in unseren Kreis eingetreten. Sie gehören zu uns und gehören uns doch nie richtig. Sie bleiben weiterhin innerhalb ihres eigenen Kreises, auch wenn sie im Haus von Menschen leben. Sie behalten ihre Identität und ihre ganz eigene Gesinnung und erlauben uns nur manchmal, in die dunklen, dichten Wälder hoch oben im Norden zu spähen, einen kurzen Einblick in ihren Kreis zu erhalten und zu sehen, wie es dort draussen sein könnte.

Seit Katzen Mörder sind

Vergangenen Frühling glaubten wir frühmorgens, ein Heissluftballon sei im Gang vor der Schlafzimmertür gelandet. Es war Fritz, der fauchte und knurrte, in seiner Schnauze flatterte ein Vogel. Rosie Fritz dicht auf den Fersen. Ihr galten seine drohenden Laute, wahrscheinlich hat Fritz ihr die Beute einmal mehr abgenommen, um sie vor uns als sein Geschenk auszugeben. Ich beförderte Fritz schnell hinaus und verriegelte die Katzentür, nicht ohne meinen Dank und meine Bewunderung auszudrücken. Das war natürlich geheuchelt. In Wahrheit waren wir angewidert, aber wir wollten Fritz' Gefühle nicht verletzen. Der Vogel tat mir leid. Als ich einen Blick aus dem Fenster warf, sah ich, wie er in einer unaufmerksamen Sekunde aus Fritz' Schnauze auf- und davonflog.

Wir hatten nicht damit gerechnet, dass unsere Katzen solcherlei Beute ins Haus bringen, weil sie ja nicht in Reviere gehen, wo die Beutetiere leben. Wir wohnen zu hoch, um Rosie und Fritz den vollständigen Ausgang ins Freie zu bieten. Wir haben es uns am Anfang überlegt, schauten uns im Internet verschiedene Modelle von Katzenleitern an, achteten auf Rekordhöhen in der Nachbarschaft. An der günstigsten Seite des Hauses, in dem wir wohnen, beträgt die Differenz ungefähr sechs Meter, aber das war Fritz und mir zu hoch. Mein Mann wäre gern in den Baumarkt gegangen. Er gab sich dann aber mit der Konstruktion einer verkürzten Version zufrieden und schreinerte aus schmalen Brettern und quaderförmigen Stiegen eine Leiter von der Terrasse aufs Flachdach. Nachts höre ich Fritz und Rosie manchmal über den Kies über uns rennen, und ich falle innerlich auf die Knie zum Gebet. Gehe ich hinaus und rufe nach ihnen, taucht ihr Kopf aus der Dunkelheit auf. Sie miauen zu mir herunter, ein Miauen, das sich von jeder anderen Konversation unterscheidet. Zuerst tönt es so, als wüssten sie nicht, wie sie da hinaufgekommen sind. Aber man darf sich nicht täuschen. Ihre Nase ist rosa und feucht, die Augen wandern herum, über ihnen der Sternenhimmel. Sie gehen nur in warmen Nächten hinauf: sitzen dort oben wie am Rand des Universums. Bald folgen sie einem Auto unten auf der Strasse, bald richten sie ihre Ohren nach den Stimmen von Velofahrern oder dem Klacken von Absätzen, die sich auf die Häuserzeile gegenüber zubewegen. Hoffentlich sehen sie auch den Fuchs, der durch die Gärten huscht.

Hauptsache, Fritz könne einem Schmetterling nachschauen und begegne den Hummeln in unseren zwei Blumenbeeten, hat der Kollege, von dem wir Fritz erhielten, damals gesagt. Auch die hohe Föhre des Nachbarhauses, in der im Herbst die Zapfen knacken, zieht Vögel an, wie die vielen umliegenden Bäume und die ganze Gegend mit dem nahen Fluss. Mag sein, dass das für eine Katze in etwa so sein muss, wie wenn im Zoo die Antilopen grüssend am Gehege der Löwen vorbeispazieren. Aber so wurden unsere Skrupel, wir würden Fritz ein Katzen-Guantánamo zumuten, etwas zerstreut. Das orange Gewand war ihm zum Glück von der Natur gegeben. Gerade sein Fell war es ja, das mich fürchten liess, Fritz könnte, wenn er Auslauf hätte, eines Tages um den Hals einer Zürichbergdame drapiert oder vor dem Cheminée einer Loft ausgelegt enden. Er bekommt viele Komplimente für sein Fell. Meine Sorge ist nicht übertrieben. Man sieht sie immer wieder, die ausgehängten Briefe mit den abtrennbaren Nummern für den Fall, dass die vermisste Katze einem zugelaufen ist. Ich bin da etwas egoistisch, aber ich denke, so ein Ende wäre auch nicht in Fritz' und Rosies Sinn.

Man könnte heute den Eindruck gewinnen, man tue mit Hauskatzen, die nicht nach draussen gehen können, etwas Gutes. Die Leute, die sich über jede eingesperrte Katze freuen, freuen sich aber nicht über eine Katze mehr, die überlebt. Sondern die Vogelschützer und Amphibienfreunde sprechen für ihre Klientel, für Amseln, Frösche, Fledermäuse. Aus meiner Erfahrung lege ich ihnen Eidechsen besonders ans Herz: Kein Frühling, Sommer und Herbst vergeht, ohne dass eine Eidechse in der Wohnung liegt, wenn ich abends von der Arbeit nach Hause komme. Kopf und Schwanz liegen getrennt voneinander, dazu ein kleiner eingetrockneter Tropfen Blut, der mich besonders berührt.

Wenn immer möglich, versuche ich, auch eine Spinne oder eine Heuschrecke vor ihnen zu retten, die sie, laut um Beifall rufend, in die Wohnung tragen, und befördere das Opfer wieder hinaus. Ich bin nicht stolz auf meine Katzen, oder sagen wir, nur ein bisschen. Trotz menschlicher Umgebung sind sie wahre Katzen.

In den letzten Jahren wurden viele Berechnungen angestellt, um die Lage zu dokumentieren. Heimlich aufgenommene Videos von den Jagdfährten von Katzen, wie sie unser Freund Alan für BBC gemacht hat, in denen man sieht, dass sogar kleine Hasen in ihre Fänge geraten, helfen dabei, den Zorn auf Katzen zu wecken. Aus der Schweiz fehlt das emotionale Filmmaterial. Vielleicht ist das einem tierliebenden Da-

tenschutz zu verdanken oder den «Katzenhaus-Freunden», einer Vereinigung, die die Privatsphäre von Katzen schützen.

Die Anti-Katzen-Bewegung kommt aus den USA, wo eine Outdoor-Katze bald dieselbe gesellschaftliche Ächtung auf sich zieht wie das Rauchen in Büros oder die Hundehaufen auf dem Trottoir. In Artikeln wird die wachsende Anzahl Katzen mit dem Verschwinden seltener Tierarten aufgerechnet. Die Zahlen, die Biologen bereithalten, sind eindrücklich. In den letzten vierzig Jahren soll sich die Katzenpopulation in Nordamerika verdreifacht haben. Hier leben geschätzte 84 Millionen Hauskatzen und 30 bis 80 Millionen wilde oder wild herumstreunende Katzen. Jede Katze, die im Freien unterwegs ist, hat jährlich 200 Vögel auf dem Gewissen, das macht 2,4 Milliarden tote Vögel insgesamt. Katzen töten 12,3 Milliarden Säugetiere in einem Jahr, nicht nur Mäuse, auch Eichhörnchen, dazu ungefähr 650 Millionen Reptilien und Amphibien. Die Zahlen sind begleitet von Lösungsvorschlägen, von Kastrieren über dauerhaften Hausarrest bis zum Abschuss. Die Artikel über das Problem tragen Titel wie *Must Cats Die So Birds Can Live?* oder *The Evil of the Outdoor Cat*. Provoziert je eine Million Leserbriefe.

Genaue Zahlen gibt es nicht für die Schweiz. Man hat die Bevölkerung befragt und ist auf 1,5 Millionen Katzen gekommen, fast eine Million davon darf regelmässig ins Freie. Vor allem in den Städten, wo geschätzte 430 Katzen auf einen Quadratkilometer kommen, sei das Leben von Kleintieren bedroht. Und auch bei uns gibt es die aufgeregte Berichterstattung.

In einem Artikel wurde ein Tierschutzverein zitiert, der eine Ein-Katzen-Politik fordert. In einem Haushalt dürfte dann nur noch eine Katze leben. Ich sah uns bereits gezwungen, Los zu ziehen, um den überzähligen Fritz oder die eine Rosie zu viel wegzugeben, und war entsprechend empört. Oder mein Mann und ich würden uns in verschiedene Wohnungen separieren: er mit Rosie, ich mit Fritz. Aber auch das ist undenkbar. Die Idee sei der grösste Blödsinn, liess sich an unserer Stellte Dennis C. Turner, der Katzenforscher, vernehmen. Zumal die Katzen in den Städten gemeint sind, diese aber oft ja gerade nicht hinausdürften. So nähme man ihnen einen Spielkameraden, was wiederum Tierquälerei sei.

Die Sache bedurfte einer Klärung. Wie war die Einführung chinesischer Familienpolitik in die Schweizer Katzenhaltung gemeint?

Nadja Brodmann vom Zürcher Tierschutz, dem die Idee zugeschrieben wurde, stellt richtig: Sie hätten natürlich nur die freilaufenden und nicht die Wohnungskatzen gemeint. Und niemand müsse eine Freilaufkatze weggeben, weil nur noch eine Katze pro Haushalt toleriert werde. Von einer solchen Forderung sei nie die Rede gewesen. Sondern man habe lediglich empfohlen, vor der Anschaffung einer weiteren Katze zu überlegen, ob man wirklich noch eine zusätzliche Katze haben muss. Davon ausgenommen seien wiederum die Bauernhofkatzen, die eine klare Funktion hätten, nämlich Schädlinge zu fangen. Wobei der Tierschutz auch hier Kastrationsprogramme unterstützt, damit sich Bauernhofkatzen nicht unkontrolliert vermehren. Besonders in Siedlungsgebieten mit hoher Wohnungsdichte sei die Katzendichte hoch, sagt die Tierschützerin, und eine bereits bedrohte Wildtierart könne dadurch noch mehr unter Druck geraten. «Wenn ich heute eine Blindschleiche sehe, sehe ich meist eine tote Blindschleiche», schliesst sie.

Anderswo war vom Vorschlag zu lesen, über Hauskatzen im Frühling eine dreimonatige Ausgangssperre zu verhängen. Dann nämlich, wenn Vögel ihre Nester bauen, die Eier ausbrüten und innerhalb weniger Wochen die Jungen schlüpfen.

Ich war erleichtert, als Michael Schaad von der «Schweizerischen Vogelwarte Sempach» auf meine telefonische Anfrage sagt, die Meldung sei eine Ente gewesen.

Zuerst relativiert Herr Schaad: Die Lage sei nicht so dramatisch, jedenfalls was die Hauskatzen betrifft. Im Unterschied zu ihnen hätten die verwilderten und durch Feld und Wald streunenden Katzen einen viel grösseren Einfluss, besonders auf bedrohte Vogelarten. Aber weil Zahlen fehlen, seien genauere Aussagen schwierig. Dann wird er dringlicher. Das Problem sei, dass vor allem Jungvögel Hauskatzen zum Opfer fallen. Oft verlassen sie das Nest, bevor sie richtig fliegen können: Amseln, Meisen, Spatzen, Finken. Ein Ausgehverbot von ein paar Tagen könne sich ein Katzenhalter durchaus überlegen, vor allem, wenn er im April und Mai im Garten junge Vögel sieht. «Schliesslich findet es niemand lässig, wenn ihm die Katze Tag für Tag eine kleine Amsel auf die Türschwelle legt», sagt Herr Schaad. Die «Vogelwarte» erhält immer wieder Anrufe von hilflosen Katzenbesitzern. Worauf er ihnen rät: Ziehen Sie Ihrer Katze ein Halsband an, ein elastisches, mit einer kleinen Glocke. Pflanzen Sie Dornbüsche im Garten, in denen die Vögel sich und ihr Nest verstecken können. Und wenn Sie um den Stamm eine dicke Plastikfolie legen, können Sie verhindern, dass die Katze auf den Baum klettert und die Vogelnester plündert.

Die Anwälte von Vögeln und anderen Kleintieren reden vorsichtig, vor allem, wenn sie merken, dass sie es mit Katzenbesitzern zu tun haben. Als Katzenbesitzerin, die genauso Partei ist, glaubt man ihre Abneigung dennoch herauszuhören.

Um es hinter mich zu bringen, frage ich deshalb gleich noch bei der «Koordinationsstelle für Amphibien- und Reptilienschutz in der Schweiz» (karch) nach. Aus seiner Sicht gebe es zu viele Hauskatzen, sagt Andreas Meyer, ein Geograf. Der

Bestand der Zauneidechse und der Blindschleiche seien stark dezimiert und zum Teil lokal verschwunden – obwohl «eigentlich alle durch das Natur- und Heimatschutzgesetz von 1967 vollumfänglich bundesrechtlich geschützt sind». Viele Arten stünden auf der Roten Liste. Zwar lasse sich «nicht hieb- und stichfest belegen», welche Reptilienarten durch Katzen wie stark bedroht sind, schickt er nach. Auch könne man Hauskatzen ihren Jagdtrieb nicht vorwerfen. Trotzdem stehe ihre «horrende Zahl» in keinem Verhältnis zu anderen wild lebenden Jägern. «Zumal», fügt er an, «eine durchschnittliche Schweizer Hauskatze ihren Nahrungsbedarf wahrscheinlich zu 100 Prozent aus der Dose deckt und die Jagd auf Wildtiere ein reiner Zeitvertreib ist.» Hauskatzen seien auch in Naturschutzgebieten und im Wald ungehindert unterwegs. Das zeigen Fotofallen auf, mit denen man misst, wie verbreitet zum Beispiel der Baummarder ist. Auf ihnen sieht man offenbar auch viele Katzen, die ein Halsband tragen und also ein zu Hause haben.

Von mehr als einem der Naturfreunde bekam ich zu hören: Im Kanton Aargau dürften streunende Katzen im Wald vielleicht bald von Jägern abgeschossen werden. Das forderten sogar Politiker. Der Regierungsrat lehnte die Forderung ab.

Nach diesen Telefonaten war ich etwas bedrückt. Fritz schnarchte auf seiner Decke und träumte gewiss gerade von einem grossen saftigen Vogel. Ich fragte abends meinen Mann, was er denke, wie gross der ökologische Fussabdruck unserer Katzen sei. Er meinte, beträchtlich, wenn er an die samstägliche Autofahrt in die Migros denke, wo wir ihr Futter kaufen. Ich sagte mir, was die Gesprächspartner auch gesagt hatten: Die grösste Gefahr für Vögel und andere wild lebende Kleintiere sind nicht Katzen, sondern der Verlust des Lebensraums durch chemische Landwirtschaft, Überbauungen, leergefischte

Gewässer. Überhaupt: Rosie und Fritz haben ja gar keine Möglichkeit, richtig zu wildern! Jedenfalls kehren sie nie mit einem Igel oder einem Streifhörnchen zurück, wenn ich sie ins Treppenhaus lasse, ihre Ausgehmeile. Es fällt höchstens einmal ein Nachtfalter an, der vom weissen Licht im Gang angezogen wurde. 13 Beutetiere soll laut einer neuseeländischen Studie eine Katze pro Jahr durchschnittlich nach Hause bringen. Unsere beiden Katzen treten ihren Anteil generös an ihre wild laufenden Kollegen ab. Sagen wir, Zweidrittel davon.

John Bradshaw, der britische Biologe und Katzenforscher, weist in seinem Buch *Cat Sense* darauf hin, dass Katzen Vögel auch schützen, indem Katzen Ratten und andere Tiere jagen, die sonst die Vogelnester plündern. Er belegt das mit vielen Studien. In Australien verkleinern Katzen sogar die Anzahl eingeführter Säugetiere wie Mäuse und Hasen, die den einheimischen Wildtieren die Nahrung streitig machen. Bradshaw schreibt: Indem «*bird enthusiasts*» mit ihrer Kritik auf Hauskatzen zielen, würden sie unterschlagen, dass Elstern die grössten Feinde von Singvögeln sind. Mein Gesinnungsgenosse kommt in Fahrt. Es würde die Naturbegeisterten nicht so sehr irritieren, dass Katzen überhaupt jagen. Sondern sie seien empört, dass Katzen jagen, obwohl sie von ihren Besitzern gefüttert werden: «*Cats are therefore often portrayed as committing ‹murder›, as opposed to other predators, which kill ‹legitimately›, to survive.*» Als Folge würden Katzen als Mörder bezeichnet, im Gegensatz zu Tieren, die legitim töteten, um zu überleben. Bradshaw wird die Kritiker kaum beruhigen, wenn er sagt, Hauskatzen jagten wegen des nährstoffreichen Futters nur halbherzig und erwischten oft kranke und schwache Vögel. Ihr Jagdtrieb, ist er überzeugt, werde in Zukunft noch weiter abnehmen.

Ich bin mir da nicht so sicher. Aber als «*Cat enthusiasts*» ganz auf seiner Seite.

Denn sie wollen ja noch spielen

Diesen Frühling haben Fritz und Rosie noch keinen Vogel gefangen, vielleicht hat es sich unter den Vögeln herumgesprochen hier im Westen der Stadt, dass auf dieser Terrasse zwei Raubtiere leben. Katzen sind Raubtiere. Doch kein anderes Tier kann seine Gefährlichkeit so gut verstecken wie Katzen, diese tödlichen Wesen im Pelz. Der Löwe nicht, kein Bär oder Wolf, oder Letzterer nur, wenn er sich das Kostüm von Schafen überzieht. Katzen schlüpfen nicht aus ihrer Haut, sondern sind beides: brutal und sanft, wild und anhänglich, weich und scharf. Sie strecken einem ihr Fell entgegen, aber schon schlagen sie ihre Krallen ein. Ihre langen Eckzähne sind niedlich. Das lieben wir an Katzen, das Rohe hinter dem Zärtlichen, es sind dialektische Wesen, die uns auch an uns selbst erinnern. Sie täuschen Gezähmtheit vor und helfen uns beim Verdrängen der eigenen Brutalität.

Rosie, die mit zaghaften Hieben einen Tausendfüssler über den Boden wischt, die ihre Schnauze senkt, um stupsend nachzuhelfen, und dabei aussieht, als küsse sie ihn. Der Tausendfüssler zappelnd. Dann Auftritt Fritz: Das Insekt verschwindet unter seinem Fell, ich schüttle seinen Schwanz aus, doch es fällt nicht heraus.

Kein anderes Tier spielt mit seiner Beute, bevor es sie frisst. Das verstört viele. Und dass sie spielen, töten und dann nicht einmal fressen, stösst bei ihren Gegnern auf gar kein Verständnis. Ich leite den Anwurf gerne weiter, der mich zwar etwas seltsam dünkt. Wäre denn das Töten gerechtfertigter, wenn sie ihre Opfer frässen? Die Natur hat Fritz und Rosie nun einmal so programmiert, dass sie sich in Erwartung des Genusses nicht nur das Maul schlecken, wenn ich ihren Napf mit Futter fülle. Sondern sie freuen sich noch vorher, das Mahl zu jagen, das in Gestalt eines Vogels draussen auf dem Geländer sitzt. Sie klappern mit den Zähnen und stossen kurze Laute aus, ein erregtes Stakkato. Mit der Kieferbewegung nehmen sie den Biss vorweg, mit dem sie den Vogel greifen und töten werden. Sie schlagen ihm ihre spitzen Zähne ins Genick und zwischen die Wirbel, um das Rückenmark zu durchtrennen, und setzen ihn erst mal ausser Gefecht. Denn sie wollen ja noch spielen.

Ein Freund hat mich einmal gefragt: Deutet die Grausamkeit von Katzen, die mit ihrer Beute spielen, auf ihre Intelligenz hin? Er verwies auf den Unterschied zwischen Gewalt und Macht, die Katzen scheinbar anwenden. Gewalt, heisst es bei Elias Canetti in *Masse und Macht,* ist nah und gegenwärtig und äussert sich oft physisch. Gewalt ist Macht auf «mehr animalischen Stufen». Die Katze fängt die Maus, hält sie gepackt und in ihrer Gewalt. Sie wird sie töten. Macht über die Maus erlangt die Katze erst, indem sie mit ihr spielt. «Wenn die Gewalt sich mehr Zeit lässt, wird sie zur Macht», schreibt Canetti. Die Katze lässt die Beute los, entlässt sie aus ihrer Gewalt – aber es steht in ihrer Macht, sie zurückzuholen, sich wieder auf sie zu stürzen. «Den Raum, den die Katze überschattet, die Augenblicke der Hoffnung, die sie der Maus lässt, aber unter genauester Bewachung, ohne dass sie ihr Interesse an ihr und ihrer Zerstörung verliert», das alles zusammen könnte man «als die Macht selbst» bezeichnen.

Für Macht braucht es immer eine Beziehung; hier zwischen der Katze und dem Beutetier. Macht anzuwenden, setzt eine technische Klugheit voraus, bei der ein Gewissen und Gefühle nur störend wären. Doch ist Macht nicht ein Instrument, das nur Menschen benutzen können, mit Hilfe ihres Verstandes und willentlich? Auch die Mäuse, die bei uns herumliegen, eignen sich nicht, um Dominanz zu behaupten und Unterwerfung einzufordern. Sie sind aus Stoff. Immer wieder setzen Rosie und Fritz zum Sprung an, wischen die Maus über den Boden und rennen ihr hinterher. Besonders schlau dünkt mich das nicht, wenn ich ehrlich bin. Weshalb Katzen mit ihrer Beute spielen, darauf hat auch die Verhaltensforschung keine eindeutige Antwort. Sie üben ihre Jagdtechniken und führen den Tötungsbiss am lebendigen Objekt ihren Jungen vor, dies eine These. Eine andere lautet: Was aussieht wie ein Spiel, sind im Grunde präzis platzierte Schläge, mit denen Katzen grössere Beutetiere wie Ratten, die zurückbeissen könnten, zermürben. So dumm ist das wiederum nicht.

Manchmal trägt Rosie die Stoffmaus auf die Terrasse, holt sie nachts herein und legt sie auf die Schwelle zum Schlafzimmer. Dann ruft sie uns. Ihr genetisches Programm übersetzt ihr womöglich, wir wären ihre Katzenkinder, die sie anlehren muss. Sie tragen ihren Fang wohl auch in den geschützten Raum, um sich ihm fernab von möglichen Störungen zu widmen. Es ist wieder eine Eigenschaft von gut genährten Katzen, dass sie mit der Beute spielen oder diese heimbringen. Dies scheint noch so ein Luxus – oder je nach Perspektive: eine Dekadenzerscheinung – der domestizierten Katze. Erst nach der morgendlichen Stärkung aus dem Napf legen sich unsere zwei Katzen draussen auf die Lauer. Hungrige Katzen, die für den kleinen Hunger zwischendurch keinen Snack namens «Harmony» erhalten, fressen ihre Mahlzeit auf der Stelle auf.

Aber auch die kleinen, mit Katzenminze gefüllten «Harmony»-Kissen aus dem QUALIPET müssen Rosie und Fritz erjagen. Ich schleudere die Beute weg, sie rennen ihr hinterher oder rutschen vielmehr auf dem Steinboden, dann versetzen sie dem Kissen einen Kick, um die Jagd zu verlängern, schlagen ihre Tatze drauf, kurzes Innehalten wie in Andacht, Kontrollblick, ob ihnen die Beute jemand streitig macht, und schon fressen sie das Carpaccio von der Katzenminze.

Haustiere in der Skype-Therapie

Ein Psychotherapeut schreibt über die Haustiere in seiner Praxis. *The Pets in My Practice* lautete der Titel, der Artikel erschien in der NEW YORK TIMES. Ich freute mich schon: endlich ein Fachmann, der Rosie ihr ADHS wegtrainieren könnte oder mit Fritz wegen seiner Schüchternheit Achtsamkeitstherapie macht. Zum Glück lag ich falsch. Nicht einmal Hunde, denen heute die Beisshemmung antrainiert wird, ob sie beissen oder nicht, verdienen die vielen Kurse, die allein zum Ziel haben, dass Menschen mit ihnen leben können. Joseph Burgo braucht die Haustiere seiner Klienten, die er gemeinsam in seiner Praxis empfängt, als Instrument zur Deutung und zum Verständnis der Klienten. Seit der klinische Psychologe, Psychoanalytiker und Buchautor einen Blog betreibt, erhält er oft Anfragen von Lesern, ob er mit ihnen via Skype arbeiten würde. Expats, die in Tokio leben und dort keinen geeigneten Therapeuten finden, reisende Businessleute, die ihre Probleme auch in fremde Hotelzimmer tragen – Menschen überall auf der Welt, weil ihnen der Psychologe dank seiner Präsenz im Netz vertraut ist. Seit drei Jahren bietet Burgo neben der klassischen Gesprächstherapie auch Gesprächstherapie via Video an. Meistens begegne er den Klienten zu Hause, schreibt er. Und: «Gewöhnlich treffe ich auch ihre Haustiere dort.»

Den roten Kater Chayenne, der aufs Pult springt, wo die Klientin den Laptop platziert hat.

Katie, eine Siamkatze, die den Unterbruch der Sitzung herbeiführt, weil ihre Besitzerin sie hinaus- und wieder ins Zimmer hereinlassen muss.

Lola, einem Hund aus dem Tierheim, der sich mit dem leeren Napf zwischen den Zähnen ins Home Office der Klientin drängt. Durch die Kamera sieht Burgo das Gesicht eines

Hundes, das voller Verlangen ist und in dessen Zügen sich die entbehrungsreichen ersten Lebensjahre spiegeln.

«Oder vielleicht projiziere ich bloss.»

Das spielt keine Rolle. Denn Joseph Burgo hört, wie die Klienten mit ihren Tieren reden oder über sie, den mütterlichen Ton, die Fürsorge, auch mal Ungeduld. Er sieht die Frau, die gerade erfahren hat, dass sie keine Kinder haben kann, wie sie ihr Gesicht im Fell ihrer Hunde vergräbt, die Burgo sonst nur in der Ferne bellen hört. Statt weinend auf einer Couch zu liegen, an die Decke zu starren und dabei eine existenzielle Einsamkeit zu fühlen, schreibt Burgo, teilte sie ihre Trauer mit ihren Tieren. «Auch ich teilte sie.» Ebenso zieht er seine Schlüsse, wenn der Mann, der an einer narzisstischen Störung leidet und zu Empathie unfähig ist, seine Katze aus Burgos Blickfeld scheucht.

Als ich einige Wochen später mit Joe, wie er sich vorstellt, skype, gehen meine Katzen aus dem Raum. Ich hätte mir gewünscht, dass sie sich auf dem Schreibtisch neben dem Computer drapieren und Rosie über die Tastatur spaziert, um dem Zuschauer jenseits des Atlantiks die Textur ihres Fells zu präsentieren. Sie lagen zuvor auf dem Überwurf in meinem Rücken und putzten sich gegenseitig, und ich lobte sie für die sorgfältige Toilette im Hinblick auf den virtuellen Besuch. Schon wollte ich den Laptop so richten, dass man die beiden im Hintergrund sieht. Aber als der Computer klingelnd den Kontakt herstellte, machten sie sich davon. Nur Fritz erwischte ich kurz und hob ihn hoch. «Das ist Fritz», stellte ich Fritz vor. *«Hi Fritz»*, sagte Joe und äusserte ein paar Worte der Bewunderung. Ich fragte, ob Alice bei ihm sei. Alice ist sein Hund. In seinem Artikel hatte ich gelesen, dass sie manchmal während den physischen Sitzungen anwesend ist, wenn es seine Patienten nicht stört. Daraus gewinne auch er etwas, schrieb er: «Ich werde Zeuge der Zuneigung, die meine Patienten für ihre Haustiere empfinden, und sie sehen meine für Alice. Das bringt uns näher.» Er öffnete jetzt die Tür und holte Alice herein; ein Tier von einer gewissen Eleganz und Reinheit, ein weisser Labrador, wie ich seinem Artikel entnahm. «Hallo Alice», sagte ich und hoffte, ich klinge begeistert genug.

Joe trägt Glatze und eine Hornbrille und hat Kopfhörer auf. Die meisten seiner Klienten hielten Katzen und Hunde, sagt er. Manche besässen auch Pferde, aber die trifft er selten in ihren Wohnzimmern an. Einer hielt ein Frettchen. Es gäbe ihn wohl schon, den Katzentyp: Dieser halte Einsamkeit besser aus und sei froh, wenn seine Mitmenschen ihre Gefühle nicht zu überschwänglich zeigen. Der Klient, der dem Hundetyp zuzuordnen sei, vertrage hingegen die Reserviertheit von Katzen weniger gut. Er brauche mehr Wärme und vorgezeigte Zuneigung. Sprechen sie mit ihren Tieren vor ihm? Ja: Viele verfielen in *baby talk*. Es scheint sie nicht zu kümmern, dass sie ihrem Therapeuten dabei im Ohr sitzen. Macht die räumliche Distanz so hemmungslos? Vielleicht. Joe stört es nicht. Und eigentlich interessieren ihn auch die Tiere nicht. Die seien zufällig dabei, sagt er, und eher selten das Gesprächsthema. Aber sie ermöglichen ihm, auch mal die positiven Seiten einer Person zu sehen. «Meistens erfahre ich ja nur, was nicht gut läuft in ihrem Leben, wie schmerzvoll und verstörend vieles ist. So aber sehe ich, dass es in ihrem Leben auch Liebe und beglückende Momente gibt.» Haustiere würden uns zu mehr Selbstsicherheit verhelfen. Sie helfen uns, den Panzer abzulegen und die Angst zu überwinden, verletzt zu werden.

Joe hat soeben ein Buch geschrieben, es heisst *Defending Yourself Against Extreme Narcissists in an All-About-Me-World*. Jetzt schreibt er eine Buch darüber, wie einem das gelingt: mit Tieren.

Seine ehemaligen Lehrer und Supervisoren würden wohl den Kopf schütteln, wenn sie ihn über die heilende Kraft der Liebe reden hörten, sagt er. Indem er Alice mit in die Praxis nimmt, gebe er Freuds Forderung nach der weissen Leinwand auf, die ein Analytiker für seine Klienten sein muss. Doch Joe würde die Haustiere nie wieder eintauschen wollen für die Reinheit der Lehre, denn: «Sie haben die Beziehung zwischen meinen Klienten und mir menschlicher gemacht.»

Ein Kater, der den Vergessenden hilft

Ein paar Wochen später besuche ich die Demenzabteilung in einem städtischen Pflegezentrum. Der erste Maitag, es regnet aus grauem Himmel, als ich gegen sieben Uhr morgens im Mattenhof am Rand von Zürich eintreffe. Ich solle früh kommen, hatte mir die Abteilungsleiterin Corinne Wüst gesagt, denn früh morgens finde sich auch die Katze ein. Moko, ein Kater, sei um fünf Uhr durchnässt heimgekehrt, sagt sie, als wir in ihrem Büro sitzen. Er schlafe jetzt wohl in einem der Zimmer. Corinne Wüst hat die Haare streng zurückgekämmt, nur der Pony fällt ihr in die Stirn, und unter ihrer Unterlippe steckt ein Piercing. Sie trägt die weite Kleidung der Pflegenden und offene Gesundheitsschuhe, aus denen die Zehen rutschen.

Sie fasst kurz Mokos Biographie zusammen, greift dafür auf die Unterlagen zurück, ein Mäppchen beschriftet mit «Moko», das gemeinsam mit den Akten der Bewohnerinnen und Bewohner aufbewahrt wird. Und schon viele überlebt hat: 2003 beschaffte ihn die damalige Heimleitung aus einem Tierheim, zusammen mit einem rot-weissen Geschwister namens Micky. Für beide fielen Tierarztkosten von 390 Franken an. Von einer zweiten Katze weiss Frau Wüst nichts, wahr-

scheinlich lebte sie nicht lange. Sie erzählt, was in Mokos Akte nicht mehr festgehalten ist: wie er verschwand, als ihm einmal ein Zahn gezogen wurde. Aber er zog bloss auf einer benachbarten Abteilung ein, wo ihn eine Bewohnerin gerne bekam. Als diese starb, kehrte er zurück. Auch hier, wo die Bewohner vergessen, wer sie waren, wählte der Kater eine Frau aus, suchte ihre Nähe, schlief Nacht für Nacht bei ihr im Zimmer. «Wir hatten Angst, dass er vor ihr sterben könnte», sagt Frau Wüst. Als wüsste die Katze seither selbst, wie verlustreich die Liebe ist, verteilt sie diese heute auf alle gleichmässig. Moko hält viel aus. Eine frühere Bewohnerin traktierte ihn mit Fusstritten, eine andere verfütterte ihm ihre Medikamente.

Am Ende des Flurs befindet sich eine Katzenklappe. Die Tür führt auf eine grosse Terrasse, von der aus nur Moko in Freiheit gelangt, nicht aber die Bewohner des Pflegezentrums; zu ihrem Schutz. Eine Frau – sie lebt erst seit kurzem im Mattenhof – hat ihre Windjacke angezogen und sucht mit dem Schirm in der Hand den Ausgang. Niemand habe den Schlüssel zum Lift, empört sie sich. Was das denn für eine Ordnung sei. An jeder Tür hängt ein Tierbild, Corinne Wüst stösst eine davon leise auf. Eine Frau liegt im Dunkeln im Bett, das durch Gitter gesichert ist, eine getigerte Katze an ihrer Seite. «Da ist er ja», sagt Frau Wüst, «guten Morgen, Frau Meier.» Die Katze miaut, Frau Meier grüsst. Ja, das *Schätzeli* habe neben ihr geschlafen, sei plötzlich da gewesen, zu ihrer Freude. «Ist es recht, wenn ich ihn füttere?», fragt Frau Wüst. Ja, sagt Frau Meier generös und legt ihre Hand ans Gesicht der Pflegerin, die sich über sie beugt, um die Katze zu streicheln.

Eigentlich sei das Füttern das Amt von Herrn Werner, der sehr gewissenhaft sei, aber der ist noch nirgends zu sehen. Frau Wüst trägt Moko in den Frühstücksraum, in dem drei Frauen sitzen, und hält ihnen die sanft auf ihren Arm einstampfende, schnurrende Katze hin. Die Frauen, die mit leerem Blick an ihren Croissants zupfen, wirken überrascht. Sie wenden sich der Katze zu, die immer wieder aufs Neue zur Katze ohne Namen wird. Viele vergessen sie, sobald sie aus ihrem Blickfeld verschwindet. Jetzt strecken sie die Hand nach ihr aus.

Der Nachweis müsste eigentlich nicht erbracht werden, was dann passiert. Die Wissenschaft sieht ein Menschenwohl, wo Veganer Tierrechte einklagen: Sobald die Hände Mokos Fell berühren, werden Oxytocin und Serotonin ausgeschüttet, das eine Hormon hat eine beruhigende Wirkung, das andere löst Glücksgefühle aus. Seit sich vor ungefähr zwanzig Jahren die Forschung die Beziehung zwischen Mensch und Tier zu interessieren begann, hat sich die tiergestützte Therapie etabliert. Tiere stellen eine Verbindung her, wo sonst keine Brücken mehr möglich scheinen. Sie erhellen ein Verhalten, das schwierig zu entschlüsseln ist. Sie können denen Geborgenheit vermitteln, für die jeder Abschied lebensbedrohlich wird.

Frau Keller hat fertig gefrühstückt und ist zu einem kleinen Interview bereit. Corinne Wüst schiebt sie im Rollstuhl in ihr Büro.

«Die Katze ist ein Goldschatz», sagt Frau Keller und streichelt Moko, der ihr um die Füsse streicht.

«Sie sehen, sofort ist da mehr Bewegung», sagt Corinne Wüst, «kommt es zum Austausch.»

«Den kann man nie weggeben», sagt Frau Keller.

«Wir geben ihn auch nicht weg. Moko bleibt bei uns», sagt Frau Wüst. *«Gäll, du bisch e Liebi, ganz e liebs Tierli.»* – Frau Kellers Stimme klingt schon wieder entfernter.

Schläft die Katze auch bei ihr?

«Ja.» Ihre Aufmerksamkeit kehrt zurück. «Unten bei den Füssen», sagt sie, und unvermittelt: «Was passiert mit Moko, wenn wir nicht mehr da sind?»

«Dann findet er ein neues Zuhause.»

«Eine zähe Katze.»

«Ja, das ist er», sagt Frau Wüst.

«Was wäre wohl, wenn er meinem Sohn gehören würde?», sagt Frau Keller.

«Moko gehört aber nicht Ihrem Sohn. Er gehört uns», sagt Frau Wüst.

Es ist nicht klar, ob Moko das Kriterium «pflegeleicht» erfüllte, als er vom Tierheim kam. Er wurde nie kastriert. Er markiere aber nicht, sagt Corinne Wüst. Beim Streicheln spürte ich die Zecke, die in seinem Fell steckt. «Schon wieder», sagt Frau Wüst. Einmal brachte er eine Maus mit, die die Männer vom Technischen Dienst einfingen. Dass das Wilde geduldet wird an einem Ort, wo Menschen leben, die die Kontrolle über ihr Leben verloren haben: Ich würde der Gesundheitsdirektion einen Dankesbrief schreiben, wenn ich nicht befürchten würde, dass dies der Beginn von Hygiene- und anderen Vorschriften wäre. Rosie und Fritz jedenfalls hätten wegen ihrer langen Haare keine Chance auf eine Nebeneinkunft als Therapiekatzen, auch wäre wohl im Stellenausschrieb ein menschenfreundliches Wesen vermerkt. Der Therapiehund, der regelmässig in den Mattenhof kommt, dürfte jedoch ein noch viel schwierigeres Assessment durchlaufen haben.

Herr Werner kommt herein. Er trägt ein hellblaues Hemd und schiebt einen Rollator. «Ein lustiger Hund», meint er zur Katze. Er gebe ihr ab und zu ein Stück Fleisch beim Essen, wenn sie um seine Beine streicht. Er streichle sie, sie lege sich hin, er kraule sie am Bauch, dann mache sie ... – Herr Werner macht grunzende Geräusche. Das sagt und macht er noch einige Male und lacht herzhaft dabei.

Die Katze wählt aus, bei wem sie schläft, sagt Corinne Wüst, die Abteilungsleiterin. Wurde Moko auch schon zum

Vorboten des Todes, indem er die Nähe von Sterbenden sucht, was man Katzen nachsagt? Daran glaube sie nicht. Nur einmal sei er kaum mehr von der Seite eines Bewohners gewichen, der im Sterben lag. Und als dieser starb, legten sie seine Hand auf das weiche, warme Fell. «Ob der Mann das gespürt hat? Wir wissen es nicht.» Corinne Wüst scheint die Dinge mehr zu hinterfragen als Dr. House aus der Fernsehserie, der eine ganze Episode lang brauchte, um zu merken, warum die Spitalkatze die Todgeweihten in den letzten Stunden begleitete: Die schwerkranken Patienten lagen unter dicken Decken, manche wärmte ein Heizkissen. Das haben auch Katzen gern.

Frau Aeby ist am wachsten von allen 24 Demenzkranken auf der Station. Sie hat gefärbte Haare und Make-up aufgetragen. Zuerst sagt sie, man müsse einmal in der Zeitung schreiben, wie schön es hier im Mattenhof sei. «Alle Leute sind so nett. Global gesehen.» Das müsse jetzt einmal gesagt sein. Moko? «Ein schöner Bub. Er hat so schöne Augen. Fantastisch. Mit der Figur eines 10-Jährigen.» Wenn sie nachts die Tür offen lasse, hoffe sie, dass er zu ihr ins Zimmer *«g'höselet»* komme, hereinspaziere. Sie selbst hatte einmal zwei Dackel. «Tierchen sind das ehrlichste und schönste auf der Welt», sagt sie. Wenn sie die Ziegen draussen im Gehege sehe – *«so herzig»*. Sie freue sich sogar über eine Fliege, und auch das böseste Tier komme zu ihr: «Denn sie spüren, dass ich ein Herz für sie habe.» Sie wendet sich an Corinne Wüst: «Hast du auch ein Tierchen, Schätzchen?»

Frau Wüst sucht ein Bild auf ihrem Handy, auf dem zwei Katzen zu sehen sind, und hält es ihr hin. Doch Frau Aeby kann nichts erkennen, sie hat ihre Brille nicht auf. Für Corinne Wüst, die Pflegerin, ist indes klar, wie sie zum Abschied sagt: Falls Moko etwas zustossen sollte, würde sie sofort einen Antrag auf eine neue Katze stellen.

Das Haustier im Ehebett

Als ich die Geschichte einer Bekannten hörte, die das Ehebett verliess, um am Boden neben ihrem frisch operierten Hund zu schlafen, schüttelte ich synchron mit der Überbringerin dieser Geschichte den Kopf. Wenn man als Haustierhalterin solche Dinge tut, sagte ich, so behält man sie besser für sich. Das Kopfschütteln der Haustierlosen hingegen drückte nur Unverständnis aus, gepaart mit Ekel.

Das meinte ich.

Es bringt nichts, mit Leuten, die keine Beziehung zu Tieren haben, die Frage zu diskutieren, wie nahe einem der Körper eines Tiers kommen darf. Es braucht nicht viel Fantasie, ihre Fantasien zu erraten. Doch dass wir unsere Haustiere nicht von der Bettkante stossen, hat nichts mit der Liebe zu tun, die Woody Allen für Daisy, das Schaf, empfand. Die meisten meiner Freunde mit Katzen teilen ihr Bett mit ihren Katzen. Olga schläft die ganze Nacht auf dem Rücken ihrer Besitzerin, die auf dem Bauch schläft. Jimi wärmt die Füsse des Hausherrn, eines Junggesellen. Günter Wallraffs Katze Chicco, eine Findelkatze aus Lanzarote, passte sich nachts in seine Halsbeuge ein, wie mir der Enthüllungsjournalist im Interview erzählte. Bei Hundeliebhabern wird es dasselbe sein. Es ist eine freundschaftliche Nähe, mehr noch: eine familiäre.

Trotzdem wünschte ich mir, ich könnte entschieden und mit angeekeltem Unterton behaupten: Nein, unsere Katzen kommen nie in unser Bett, dass ihnen schon der Zugang zum Schlafzimmer verwehrt sei. Bekenntnisse wie das eingangs erwähnte berühren auch mich oft unangenehm; weniger, dass man es tut, als vielmehr, davon zu hören. Fast mehr zu denken als der Sodomie-Verdacht gibt mir allerdings das Gerede von Zecken, Flöhen, Parasiten, mit denen Leute mit Haustieren im Bett die Matratze angeblich auch noch teilen. Doch ich kann mir deswegen ja nicht Nacktkatzen anschaffen. Sowieso treffen die Bedenken wohl vor allem auf Hunde zu, die ihre Schnauze in alles stecken. Aber eigentlich gilt auch für sie, was jemand mal richtig gesagt hat: Sex macht mehr Dreck im Bett als ein Hund, eine Katze oder sogar ein Hängebauchschwein. Genau: Was ist schon dabei, wenn Fritz sich nachts in meinen angewinkelten Arm rollt, auf den er fürsorglich eine Pfote legt, oder ich in sein Fell atme, weil er sich unbemerkt neben mein Gesicht gelegt hat? Drückt er sich zwischen mich und die Wand, rühre ich mich so wenig wie möglich, um ihn nicht zu bedrängen. Die Hand meines Mannes liegt in meiner Hand, und meine andere Hand liegt auf Fritz. So schlafen wir ein.

Doch Fritz verweilt da nie lange. Schon wird ihm die Nähe zu viel, und er zieht sich zurück.

Was meinen Mann betrifft, so zeigt er viel Grossmut. Nein, sagt er, ich bin nicht eifersüchtig.

Ansonsten sind wir gesund.

Am Morgen sitzt Fritz manchmal neben dem Bett und schaut mich an, wenn ich erwache. Er scheint geduldig zu warten. Sein Blick ist eindringlich und rätselhaft, er geht durch mich hindurch und hält den meinen fest. Es wird einem fast etwas unheimlich dabei. Es sind dies die eigentlich intimen Momente. Sie sind intimer als jene Nähe, wo Sorgen um Parasiten oder sonstiges Getier im Fell von Tieren aufkommen müssten. Die Intimität wird erzeugt durch die reine Anwesenheit eines Tiers, während man sich in einem Zustand befindet, in dem sich ein Mensch vergisst oder er etwas tut, das er normalerweise im Verborgenen und ohne Zeugen macht.

Kann man vor Tieren Scham empfinden? Der französische Philosoph Jacques Derrida hat sich geschämt vor seiner Katze, die ihm morgens ins Badezimmer folgte und ihn in seiner Nacktheit betrachtete. Eine ganze Abhandlung widmete er dieser Erfahrung, auch das Beobachtetwerden im Schlaf zählt er dazu. Er habe Mühe, in sich den Protest gegen diese Unschicklichkeit zum Schweigen zu bringen, schreibt er in *L'animal que donc je suis* (Das Tier, das ich also bin): «gegen die Ungehörigkeit, die darin bestehen kann, sich nackt, mit exponiertem Geschlecht, splitterfasernackt, vor einer Katze wiederzufinden, die einen anblickt, ohne sich zu regen, just um zu sehen».

Er wird sich seiner Nacktheit und somit seiner selbst bewusst, als wären die Katzenaugen ein Spiegel. So kommt er wie der erste Mensch gleichsam zu Sprache, in der Begegnung zwischen dem menschlichen und dem nicht-menschlichen Tier. Er schreibt: «Das Tier schaut uns an, und wir stehen nackt vor ihm. Und vielleicht fängt das Denken genau an dieser Stelle an.»

Was denkt Fritz, wenn er mich anschaut, unter der Dusche oder im Bett?

Wie Fritz ein Fragezeichen intoniert

Manchmal sehen sie Gespenster. Sie erstarren dabei. Zuerst schreckt Fritz aus dem Schlummer auf, er setzt sich kerzengerade hin, macht den Hals lang, spitzt die Ohren. Dann folgt Rosie, als hätte er sie angesteckt. Sie stellen ihren Körper auf fluchtbereit ein. Beide blicken zum Schlafzimmer, dessen Tür offen steht. Flog ein Insekt gegen das Glas? Liessen die Holzwürmer den alten Bauernschrank knacken? Ich stelle mir vor, wie ein Geist uns heimsucht, vielleicht die Seele von jemand Verstorbenem, den nur sie mit ihren feinen Sinnen wahrnehmen. Doch mein Mann will davon nichts wissen. Bilden sie sich den Geist also bloss ein – und stecken mich damit an?

Sie hören etwas, was sich unserer Wahrnehmung entzieht. Katzen hören Ultraschall und müssten die Bässe eigentlich zu schätzen wissen, die ihnen BOWERS & WILKINS entgegenschleudern. Aber vor den Lautsprechern sitzen sie nur, wenn aus ihnen Stille tönt oder ein Käfer darunter Zuflucht sucht. Rosie sitzt hin und wieder auch auf die Boxen und sucht mit dem Blick der Bergführerin Wand und Decke ab, um sich neue Routen zu überlegen. Gerade darum meiden sie Partys, es überfordert ihr hochbegabtes Gehör. Neunzehn separate Muskeln ermöglichen es einer Katze, ihre Ohren in fast jede Richtung zu drehen, ohne den Kopf zu bewegen. Der Weg der Nerven zwischen Ohr und Gehirn ist so kurz, dass ihre Ohrmuscheln reflexartig auf Geräusche reagieren. Diese erfassen und deuten sie zehnmal schneller als Hunde.

Katzen sind Seismographen auch bei grösseren Ereignissen. Immer wieder ist zu lesen, dass sie Erdbeben vorausahnen. Sie spüren geringste Vibrationen, merken, wenn sich die Atmosphäre auflädt, und auch das Magnetfeld der Erde, sobald es sich verändert, wirkt auf sie ein. Sie scheinen mir oft Gequälte, den Kräften ausgeliefert. Gäbe es die Selbsthilfegruppe für Hochsensible, die es tatsächlich gibt, auch für Katzen, Rosie und Fritz wären darin gut aufgehoben. Zu viele Reize erschöpfen diese Menschen. Reize, die aus dem Alltag kommen, das Flimmern der Bildschirme, die lauten Motoren, das Reden der Leute. Es ist alles zu viel. So kommt mir Fritz vor, ein von der Zivilisation überbeanspruchtes Tier, das unter die Bettdecke weicht, wenn im Gang Stimmen ertönen oder der Wind durch die Bäume geht.

Es hilft dann nicht, auf ihn einzureden und ihn zu beschwichtigen. Katzen werden nur noch ängstlicher, wenn man ihnen mit sanft singender Stimme die Angst nehmen will.

Eine Möglichkeit, die Kommunikation zu verbessern, besteht aber darin, die Lautäusserungen des Haustiers zu studieren. Das Katzenvokabular, das um die hundert verschiedene Laute kennt, wird wissenschaftlich untersucht, ohne dass sich daraus eindeutige Antworten ergeben. Schnurren bedeutet nicht bloss, dass eine Katze glücklich und zufrieden ist. Desmond Morris, ein eher einfacher Katzeninterpret, übersetzt das Schnurren in seinem Buch *Catwatching* mit «Ich bin friedlich gestimmt», vergleichbar mit dem menschlichen Lächeln, mit dem man manchmal die wahren Gefühle verbirgt, das aber soziale Beziehungen entkrampft. Schnurrend verständigen sich Katzen zudem von Klein auf mit ihren Müttern. Es ist ein leiser Ton, und also nur für die Nächsten bestimmt. Nun kann aber auch eine verletzte oder kranke Katze schnurren, sagt John Bradshaw, der britische Katzenforscher. In Ermangelung eines andern Ausdrucks für die Bitte um Hilfeleistung tun sie das Nächstbeste und schnurren, um zu signalisieren, dass man sich um sie kümmern soll – so seine Deutung. Katzen, die schnurrend gebären, könnten sich auf diese Weise selbst beruhigen, wird weiter vermutet. Und neuere Forschungen wollen sogar wissen, dass die Frequenz der Vibrationen, die durch das Schnurren entsteht, heilend auf Organe wirkt und die Knochen stimuliert, damit diese schneller regenerieren. So wie Fritz und Rosie manchmal rattern, glaube ich gern an eine osteopathische Kraft. Noch ein Grund mehr, sich seine Katze auf die Brust zu legen.

Auch ein Miauen ist nicht bloss ein Miauen, hier kommt das Individuelle einer Beziehung hinzu. Jeder Besitzer und seine Katze entwickeln eine einzigartige gemeinsame Sprache auf der Grundlage des Miauens der Katze. Fritz und Rosie würden zwar in Situationen, in denen sie Wut, sexuelle Begierde oder Schmerz empfinden, wie ihre Vorfahren reagieren und kreischen, rufen und schreien. Im Gegensatz zu Wildkatzen haben Hauskatzen aber ihr Ausdrucksrepertoire verfeinert. Das betrifft vor allem das Miauen. Der Ton ist lieblicher und variantenreicher. Das Miauen können sie je nach Situation modifizieren: Ein Miauen klingt schmeichelnd, das andere dringend, das dritte fordernd. Sobald eine Katze lernt, dass ihr Besitzer antwortet und reagiert, findet sie wahrscheinlich mit einer Art von *trial and error*-Methode heraus, wie ein Miauen je nach Umstand wirksam ist. Bradshaw schreibt: Jenseits der Formalitäten, die es für ein Hundetraining brauche, trainierten eine Katze und ihr Besitzer einander gegenseitig und unwissentlich.

Nach wie vor ist es aber die Sprache, mit der sie einst mit ihren Müttern kommunizierten, die Katzen im Zusammenleben mit uns beibehalten haben. Sie haben sie bloss erweitert und ausdifferenziert. Dass Katzen sozialere Wesen sind, als manche wahrhaben wollen, zeigt in diesem Zusammenhang noch etwas anderes. Junge Katzen erkennen das Miauen ihrer Mutter, sie können es vom Miauen anderer Katzen unterscheiden. Verhaltensbiologen, die das erst kürzlich herausgefunden haben, sind überrascht: Eine Spezies wie die Katze, die als Einzelgängerin lebt, hört eigentlich nicht derart stark auf individuelle Rufe. Für Robben oder Fledermäuse, die in Kolonien leben, ist es hingegen überlebenswichtig, die Stimme der eigenen Mutter auf Anhieb aus allen anderen herauszuhören. Deshalb kommt Fritz auch zu mir, seinem Muttertier gerannt, wenn ich ihm vom andern Terrassenende her rufe. Er miaut während des ganzen Laufs, erkennend.

Katzen miauen eher selten, um mit anderen Katzen zu kommunizieren, sagt Bradshaw, der bei Wildkatzen beobachtet hat, dass sie ungefähr einmal in hundert Stunden miauen und sonst recht ruhig sind. Wie redselig sind unsere Katzen dagegen. Aber der Experte hat recht: Sie verständigen sich nicht miauend miteinander. Rosies Quengeln lässt Fritz kalt, und sie reagiert nicht auf das Kundtun seines Weltverdrusses. Sie macht uns aber mit einem fiepsenden Laut darauf aufmerksam, dass Fritz vor der Balkontür sitzt und miauend Einlass fordert. Die häufigste Botschaft beider ist an uns gerichtet und heisst übersetzt: Beachte mich. Fritz salutiert abends beim Eingang auch: Hallo, willkommen daheim. Und er kann ein Fragezeichen intonieren, während Rosie überwiegend den Imperativ kennt. Die wichtigste Erkenntnis ist aber, dass es keine universelle Katzensprache gibt. Das zeigt auch die Studie, in der das Miauen von zwölf Katzen in fünf Alltagsszenarien aufgenommen und ihren Besitzern abgespielt wurde. Jeder Besitzer konnte bloss diejenige Situation entschlüsseln, in der das Miauen seiner eigenen Katze aufgezeichnet wurde – ob die Katze gelangweilt war, fressen wollte oder Auslass forderte. Er kannte das Tier. Jedes Miauen einer jeden Katze ist ein zufälliger, erlernter, meistens um Aufmerksamkeit ersuchender Laut.

Man braucht also keine «*How to speak cat*»-Wörterbücher aufzuschlagen, um Katzen zu dolmetschen. Die Verständigung ist eine je eigene Angelegenheit. Nähme man meine Katzen auf ein Tonband auf und gäbe es mir zum Hören, würde ich die Situation erraten, wenn zum Beispiel:

— Fritz fressend oder sich die Schnauze leckend miaut und es wie das Jaulen einer Hawaiigitarre klingt

— Rosie nach Futter verlangt und schon erwartungsvoll schnurrt dabei, sie gurrt vielmehr, es ist ein tiefer, kehliger Laut, oft liebkost sie dabei die Ecken von Wänden und hüpft wie eine junge Geiss

— Fritz vom Treppenabsatz ins Treppenhaus ruft, ein lautes Hinterherrufen, nachdem Rosie hinabgestiegen ist und ich ihr folge, um sie zu holen. Sobald ich mit ihr hochkomme, wechselt Fritz, der seinen Kopf durch das Geländer streckt, seinen Tonfall, er ist bereit zum Putschen, freudig erleichtert jetzt.

Aber das höre nur ich.

Lieben uns Hunde fünfmal mehr?
Anti-Katzen-Propaganda

Die Leute von bbc geben keine Ruhe. Sie versehen Katzen nicht bloss mit Kameras, um ihre Wege auszuspionieren und aufzuzeigen, wie oft die Wege zu beliebigen Leuten führen – was sie dann als Beweis dafür nehmen, dass Katzen ihre Zuneigung niemandem Bestimmten schenken. Der britische tv-Sender macht jetzt auch Dokumentarfilme mit dem Titel *Cats vs Dogs*. In einem Beitrag wetteifert eine Frau, die im Namen von Katzen kämpft, mit einem Mann, der auf Hunde setzt. Beide versuchen sie, die Überlegenheit ihres Lieblingstiers in verschiedenen Bereichen aufzuzeigen. Wer ist lernfähiger, wer sieht nachts besser? Dabei soll nun herausgekommen sein, dass Hunde ihre Besitzer fünfmal mehr lieben, als Katzen es tun. Das ist nicht typisch britischer Humor und also als Witz zu nehmen. Sondern wurde in der bbc-Sendung mit Hilfe eines Neurowissenschaftlers belegt.

Paul Zak, ein sonniger amerikanischer Forscher mit rhetorischem Talent, testete den Oxytocin-Wert von je zehn Hunden und Katzen, bevor und nachdem sie in seinem Labor während zehn Minuten mit ihren Besitzern gespielt hatten. Oxytocin wird auch «Liebeshormon» genannt: Es soll das Vertrauen stärken und bindungsfähig machen, weshalb es zwischen Mutter und Kind oder bei Liebespaaren eine wichtige Rolle spielt. Und wie ich schon bei den Demenzpatienten erwähnt habe,

tritt es auch im Umgang mit Tieren auf. Und offenbar bei den Haustieren selbst: Hunde, fand Mister Zak, der Wissenschaftler nämlich mittels Speichelproben heraus, schütteten Oxytocin in viel grösseren Mengen aus als Katzen. Erhöhte sich der Wert bei Hunden im Schnitt um 57 Prozent, wenn sich ihre Besitzer mit ihnen beschäftigten, so stieg er bei Katzen gerade mal um 12 Prozent. Bei einem Hund stieg der Wert sogar um 500 Prozent an, als er seinen Besitzer sah. Was für eine Beziehung die beiden führen, möchte ich lieber nicht wissen.

Die Studie verbreitete sich im Netz und bestätigte die einen, dass Hunde wie Babys oder sogar noch bezogener sind. Die anderen redeten von Anti-Katzen-Propaganda, die aus einem Gerücht harte Fakten mache.

Zwei Gründe sprechen dafür, dass es sich hier um üble Nachrede handeln muss. Zum einen ist umstritten, ob eine erhöhte Oxytocin-Ausschüttung in jedem Fall ein Zeichen für eine glückliche, gesunde und tiefe Beziehung ist. Es gibt Untersuchungen mit Menschen, bei denen sich der erhöhte Hormonwert und das subjektive Empfinden der Probanden widersprachen. Zum andern müsste Mister Zak einmal Fritz und Rosie in seinem Labor testen: Ihr Oxytocin-Wert sänke unter null. Katzen sind in fremder Umgebung viel gestresster als Hunde. Als Territorialtiere reagieren sie verängstigt und verstört in einem Setting, das sie nicht kennen, während Hunde entspannt bleiben, solange ihr Besitzer sie begleitet. Deshalb ist bereits ein Oxytocin-Anstieg von 12 Prozent bei Katzen erstaunlich, das heisst eher unglaubwürdig. Wie absurd, den Wert des «Kuschelhormons», wie Ocytocin ebenfalls genannt wird, in einem Raum messen zu wollen, in dem womöglich schon die anderen Versuchstiere ihre Gerüche hinterlassen haben. Katzen zeigen ihre Zuneigung nur, wenn sie in ihrer Komfortzone sind.

Das scheint Zak entgangen zu sein, der sich als Neuroökonom bezeichnet und nebenbei nach einem Moralmolekül sucht, um den ökonomischen Wert von Liebe zu beweisen. Auch wenn er und seine Auftraggeber von BBC die Wirklichkeit gerne vereinfachen, damit sie Punktezahlen zwischen Katzen und Hunden verteilen können wie bei einem Fernsehquiz: Liebe ist nicht auf ein Hormon zu reduzieren. Ein Hormon hat kein psychologisches Profil.

Leider ist Herr Zak mit seinem Wattetupfer nicht dabei, wenn sich Fritz an mein Gesicht kuschelt oder Rosie sich dehnt und streckt und den Hitlergruss macht, wenn ich abends heimkomme. Aufschlussreicher wäre sowieso, in diesem Moment einen Abstrich meiner Mundschleimhaut zu machen und meinen Wert zu messen. Das ergäbe in einer Dokumentation «Katzenbesitzer vs. Hundebesitzer» ein Score von mindestens eins zu eins. 100 Prozent.

Von Negerli über Herrn Schulze zu Melanie

Früher waren Tiernamen ein Synonym für die Tierart, wie Schnurrli oder Tigerli für Katze oder Bello und Bäri für Hund. Heute drücken Tierbesitzer mit dem Namen die Einzigartigkeit ihres Haustiers aus, nicht anders, als wenn sie ihre Kinder Timo, Letizia oder Hans taufen. Das haben Sprachwissenschaftler der Universität Mainz herausgefunden. Die Namen werden individueller, da Tiere im Familienverbund einen wichtigen Platz einnehmen oder sogar den Partner ersetzen. «Ansippung», nennt man das: Die Tiernamen messen nun die Beziehung zwischen Mensch und Tier. Vor hundert Jahren besassen Katzen oft nicht einmal einen Namen. Die Forscher nennen das Beispiel eines badischen Dorfes um 1900, wo von 143 Katzen nur 6 einen richtigen Namen hatten. Diesen erhielten sie oft von der verstorbenen Vorgängerkatze. Anders heute: Von 650 untersuchten Katzennamen waren 354 nur einmal vergeben. Die liebsten Namen, Simba, Luna, Leo oder Mia, dünken mich zwar auch nicht so erfindungsreich. Aber wahrscheinlich suchen oft Kinder die Namen von Haustieren aus, und der Geschmack von Kindern ist immer richtig.

Die Katzen meiner beiden Nichten heissen Ramona und Meli von Melanie, als hätten die zwei Mädchen zwei Schwestern bekommen, die sie taufen durften. Der Name Melanie trat ab 1996 übrigens gehäuft nicht nur bei Katzen oder Hunden, sondern auch bei Kühen auf: Die Miss Schweiz hiess in jenem Jahr so. Das gefiel den Bauern. Auch meine Nichten und ihre Katzen wohnen auf einem Bauernhof. Es ist der Bauernhof, auf dem ich aufgewachsen bin und den heute meine Schwester und ihr Mann bewirtschaften. Auch meine Eltern leben noch dort.

Verfänglich ist bei den Menschennamen für Tiere nur, wenn man im öffentlichen Raum untereinander über die Katze, das Kaninchen oder den Papagei redet. Man sagt zum Beispiel: Rosie frisst uns noch zu armen Tagen. Ich habe Lino heute Nacht draussen in der Kälte vergessen. Hugo nennt neuerdings jeden Besucher Scheisskerl. Oder wie es von Loriots Eltern überliefert ist, die ihren Kater Herrn Schulze nannten: Als die Mutter den Vater von einer Dienstreise abholte und sie gemeinsam in der vollbesetzten Strassenbahn fuhren, fragte der Vater, was sie gestern Abend gemacht habe. Der Vater hörte nicht mehr gut, deshalb redete die Mutter so laut mit ihm, dass alle Fahrgäste mithören konnten. Sie antwortete: «Och, ich hab erst noch ein bisschen gelesen, und dann bin ich mit Herrn Schulze ins Bett gegangen.»

In grossen Familien geraten oft auch die Namen von Personen und Tieren durcheinander. In der Aufregung verliert meine Mutter, wenn sie jemanden ansprechen will, manchmal den Überblick und zählt vier Namen auf, bis sie zum richtigen gelangt. Ihre Aufzählung enthält dann oft auch einen Katzennamen, statt Michelle, wie eine meiner Nichten heisst, sagt sie Meli, den Namen von Michelles Katze. In meiner Kindheit kam das noch seltener vor, weil unsere Katzen nicht wie Kinder hiessen. Die Katzen, die zu unserer Familie gehörten, hiessen Negerli, Gräueli oder Schneewittli nach der Farbe ihres Fells. Ein dicker Maudi hiess Zarli von Zar, den russischen Herrschern. Mädi, Züsi, Regi – so nannten wir sie.

Erst nach und nach entdeckte ich die Magie von Namen. Als Teenager taufte ich eine kleine Katze Anastasia nach der Tochter von Laurent Jaccard, einem Fussballer des FC Servette, den ich zu heiraten gedachte.

Ein Tag im Leben einer Bauernhofkatze

Die Katzen auf unserem Bauernhof wirkten immer etwas ausgehungert. Sie bekamen am Morgen und am Abend rohe Kuhmilch in einem Blechteller vor der Haustür oder in der Waschküche im Stall, am Mittag gab es die Reste unseres Mittagessens, und zwischendurch eine Handvoll Trockenfutter auf den Steinboden gestreut; zu wenig für acht oder zehn Katzen. Oft warteten sie vor dem schiefen Holzschrank, in dem wir die Ovomaltine-Büchse mit dem Futter aufbewahrten, und starrten gierig auf die Schranktür, ein miauender Katzenchor. Neben dem Schrank legten wir leere Jutesäcke aus, an denen wir unsere Schuhe abstreiften und auf denen auch die Katzen ineinandergerollt tagsüber schliefen.

Ich liebte diese Katzen und wurde irgendwann zur Katzenmutter bestimmt. Ich bastelte Ausweise, in denen ich ihre Hobbys notierte, die meist aus Spielen bestanden, und die ihre verwandtschaftlichen Beziehungen beschrieben. Es war ein enges Netz. Meine Mutter redete oft davon, dass es an der Inzucht läge, wenn eine Katze nicht richtig wachsen wollte oder kränklich war. Die Jungen hatten verklebte Augen und litten an Durchfall. Eine Katze namens Kobold fiel manchmal einfach um. In den achtziger Jahren kastrierten die wenigsten Bauern ihre Katzen. Geimpft wurden sie auch nicht. Manchmal kommandierte ich die Katzen in eine Hütte, einen Speicher mit gehäckseltem Holz, wo ich so tat, als bildeten wir eine Familie, und sie zu erziehen versuchte. Kobold, der behinderten Katze, steckte ich einmal in einem Experiment eine Wäscheklammer an den Schwanz, worauf sie sich wild um die eigene Achse drehte. Als ich in die Pubertät kam, zog ich mich nach der Schule oft in den Heustock zurück, um die Kiosk-Liebesromane meiner älteren Schwester zu lesen. Die Katzen liefen mir nach und legten sich zu mir ins Heu.

Irgendwann überlebten die kleinen Katzen nicht mehr. War bisher immer gewiss, dass die Katzenfamilie grösser wurde dank den Würfen unserer ältesten Katze Negerli zweimal im Jahr, erlebte ich nun, wie fragil ein neues Katzenleben war. Negerli hatte ein schwarzes Fell mit weisser Krawatte, sie galt als vernünftig und abgeklärt; eine Mutter. Sie warf ihre Jungen drinnen in meinem Bäbiwagen und hatte Privilegien wie keine andere unserer Katzen. Meistens gebaren diese ihre Jungen im Heu oder Stroh, manchmal fanden wir sie tagelang nicht, sahen bloss, dass das Muttertier keinen dicken Bauch mehr hatte. Und dann kam die Zeit, als die Mulden im Heu, in denen die Jungen lagen, immer häufiger leer waren. Wir suchten nach ihnen. Die Mutter hatte sie vielleicht anderswohin gezügelt. Aber wir fanden sie nicht. Die Mutterkatze lief laut klagend herum. Marder hätten sie geholt, vermutete meine Mutter, oder ein räudiger Kater, der sie wohl getötet habe.

Als ihr Überleben schwierig wurde, beschäftigte mich nur noch der Gedanke, sie nicht wieder zu verlieren, sobald sie geboren waren. Alles drehte sich darum, eine kleine Katze über die ersten Monate hinweg am Leben zu erhalten. Ich erinnere mich, wie ich an einem Morgen von der Schule nach Hause kam und wie immer zuerst in den Heustock stieg, um nach der wenige Tage jungen weissen Katze zu sehen, die am Kopf grau getigert war. Ich war damals ungefähr elf Jahre alt. Sagte es mir meine Mutter? Auch dieses Junge war tot. Ich legte mich in der Stube auf die Couch, zog die Vorhänge zu und weinte, und auch meine Mutter vermochte mich nicht zu trösten.

Ramona und Meli, die Katzen meiner Nichten, wachsen viel behüteter auf. Es sind immer noch Bauernhofkatzen, aber mit Rechten. Geht es ihnen nicht gut, werden sie dem Viehdoktor vorgezeigt, sobald dieser vorbeikommt, um eine Kuh zu untersuchen. Sie schlafen am Sonntag auf einem alten Pullover auf dem Kachelofen, wenn ich meine Eltern besuche, die den unteren Stock des Bauernhauses bewohnen. Anders als früher dürfen die zwei Katzen sogar im Haus übernachten. Sie wollen aber gar nicht immer. Sie erhalten zwar Büchsenfutter. Trotzdem legen sie meiner Mutter noch täglich eine Maus auf die Schwelle, worauf sich meine Mutter mit einem Schrei auf die Küchenbank rettet. Meine Schwester, die Bäuerin, hat von einem Nachbarn ein grosses Stück Käse erhalten, weil er glaubt, unsere Katzen halten seine Scheune von Mäusen frei; zum Dank. So sehr Ramona und Meli von den zunehmend weichen Herzen auch auf dem Land profitieren, so wenig geben sie der Verweichlichung nach und ihre Pflichten als Katzen auf. Nicht einmal der Hund kann sie vertreiben, der auf den Hof gezogen ist und ihnen nachstellt, wenn er nicht an der Leine ist. Seit der Hund da wohnt, brüten im Stallgebälk hinterm Haus auch wieder die Schwalben, weil sich die Katzen nicht in seine Nähe wagen. «Alles hat sein Gutes», sagt meine Mutter. Ramona und Meli, die eine braun gescheckt, die andere grau, kommen mir sehr authentisch vor. Sie haben von ihren Spaziergängen dreckige Pfoten, und wenn ein Kalb sie schleckt, wirkt ihr Fell wie nach der neusten Mode zu einer Tolle gegelt. Sie riechen nach Mist.

Rosie und Fritz riechen ja nicht gerade nach Chanel, ausser wenn ich sie zum Abschied umarme. Sie riechen gut, nämlich nach nichts, da Katzen keinen Eigengeruch haben.

Wie muss man sich einen Tag im Leben einer Bauernhofkatze vorstellen? Ramona und Meli sind Geschwister, aber sie fauchen sich an und hauen einander. Wenn meine jüngere Nichte aufsteht, um zur Schule zu gehen, begleitet Ramona, die auf einem Sandsack schläft, sie hinunter in die Küche meiner Eltern. Meli ist die Nacht im Heu. Sie springt morgens etwa um dieselbe Zeit durchs Fenster ins Haus, das meine Mutter zum Lüften öffnet. Beide kommen herbeigeeilt, wenn sie den Milchkessel mit der frischen Milch hören, den meine Mutter in die Küche trägt. Dann gehen sie und sind für den Rest des Tages unterwegs. Abends kommen sie, um dem Hund auszuweichen, durch eine Fensterluke im Keller ins Haus. Für den Fall, dass sie Angst haben sollten, streut ihnen meine Mutter im Keller etwas Trockenfutter aus.

Die Waldkatzen vom Emmental

Inzwischen ist es Sommer geworden, und ich habe unsere zwei Liegestühle auf der Terrasse aufgestellt. Am frühen Morgen, solange die Sonne noch nicht auf den Steinboden brennt, und abends, wenn es wieder frischer wird, belegen unsere Katzen die Stühle. Wir haben, nachdem Freunde jahrelang auf uns eingeredet haben, endlich einen Grill gekauft; wahrscheinlich haben uns eher die Katzen zu diesem Entschluss geführt. Sie halten uns zu Hause. Wenn wir den Grill, der einen schwarzglänzenden kugelförmigen Aufsatz hat, über den Steinboden rollen, verschwindet Fritz im Bett. Dort bleibt er, bis wir den Grill spätabends wieder an seinen Lagerplatz zurückrollen. Rosies Pfoten sind von der Kohle schwarz. In den Gewitternächten, die mir heftiger als in den Sommern zuvor vorkommen, führt sie ihre Mutproben aus. Es ist nicht der Wind, der die Katzenklappe auf- und zuschlägt. Es ist Rosie, die hinaus in den Sturm springt und im Regen und Hagel über die Terrasse rennt, unter Blitz und Donnergrollen hindurch.

Um zu wissen, mit wem wir es zu tun haben, schien mir irgendwann eine eingehende Beschäftigung mit der Rasse, von der sowohl Fritz wie Rosie abstammen, unerlässlich. Ich wollte eine Zucht der Norwegischen Waldkatze besuchen. Zu diesem Zweck machte ich eine Internet-Recherche und schrieb mir bald die Adresse einer Züchterin in Grosshöchstetten im Emmental auf, deren Homepage mit den darauf gezeigten Katzenfotos mich sehr ansprach: weisse Pfoten, die durch hohes Gras streifen, gerahmt von Frühlingsblumen, im Hintergrund weiden Kühe. Silbrige Bärte, die zwischen Schneemaden auftauchen, die Wege sind vorgepfotet. Die abgebildeten Katzen sind mit Namen benannt: U. Nigthfall, V. Maui, P. Teddy Bear, T. Just in Time, T. Double Trouble. Der erste Buchstabe meint nicht etwa die Initiale des Vornamens, sollte ich bald lernen, sondern allen Würfen eines Jahres kommt derselbe Buchstabe zu, und im folgenden Jahr ist es der nächste im Alphabet. Züchterregelungen.

Ich rief die Züchterin an. Frau Ramseier ist eine ruhige, freundliche Frau, ein leichter Akzent verrät ihre argentinischen Wurzeln, eingestreute Dialektwörter weisen auf ihren Wohnort im Emmental hin, wo sie mit ihrem Mann seit dreissig Jahren wohnt. Ich schilderte ihr mein Anliegen und erzählte von Fritz und Rosie, deren Rasse es offenbar auch ihr angetan hätte. Doch dann säte Frau Ramseier einen Zweifel.

«Woher wissen Sie, dass Ihre Katzen Norwegische Waldkatzen sind?», fragte sie im Ton einer Prüfungsexpertin. Ich beschrieb ihr die Merkmale, und bei Rosie sei es im Impfpass vermerkt. Worauf die Züchterin sagte: Ein buschiger Schwanz und eine Halskrause würden noch nicht die Rasse beweisen. Viele Leute meinten, sobald ihre Katze längere Haare hätte, sei es eine Norwegische Waldkatze.

Aber bei Rosie stimme auch das leicht in einen Spitz zulaufende Gesicht, sagte ich bestimmt: «Und es sind grosse Katzen.»

«Auch das heisst noch nichts. Oft werden Norwegische Waldkatzen mit der Rasse Maine Coon oder Perser verwechselt», hielt die Züchterin unbeirrt dagegen. Man müsse den Stamm nachweisen können, denn vermeintliche Züchter würden eine Katze für viel Geld verkaufen, ohne schriftlich festgehaltene Generationenabfolge. Diese müsse lückenlos registriert sein. Um die Glaubwürdigkeit zu beweisen, müsse man als Katzenzüchterin in einem Verein registriert sein. Das bedeute dann auch, dass man Formulare auszufüllen habe, an Ausstellungen teilnimmt. Gut, sagte ich, zunehmend verunsichert: Ich würde ihr Fotos von meinem Katzen zeigen und wir würden sehen.

Schon einmal hätte ihr eine Frau ihre Katze gezeigt, die sie als Maine Coon für 800 Franken gekauft habe, antwortete Frau Ramseier: «Es war eine normale Hauskatze.» Die Katze sei nicht gechipt gewesen. Heute versehen Züchter die Katzen mit einem Chip, so würden der Zwingername und also die reine Rasse registriert. Zwinger ist ein Synonym für Züchter. Sie wolle mich bloss vor Enttäuschungen bewahren, sagte Frau Ramseier noch einmal: «Viele Käufer sind zu blauäugig.»

Es war, als hätte sie den Verdacht in die Welt gesetzt, ich könnte zwei Kuckuckskinder haben. Seit Fritz und Rosie bei uns sind, rede ich nun von meinen Norwegern, die bereits in der altnordischen Mythologie auftauchen. Es gefiel mir, dass wegen ihres buschigen Schwanzes Bezüge gemacht werden zu den koboldhaften Troll- und Zauberkatzen in vielen norwegischen Märchen. Wie nett der Gedanke, dass Fritz' und Rosies Vorfahren Fjords und dunkle Wälder bewohnten. Wir redeten schon davon, einen Flug in den Norden zu buchen. Und nun sollte sich ihre Identität als falsch erweisen?

«Damit will ich nicht sagen, dass Ihre Katzen nichts wert sind», sagte Frau Ramseier zum Abschied, als würde sie durchs Telefon spüren, wie aufgewühlt ich war. Als wäre sie sich der Wahrheit ihrer Vermutung ziemlich sicher, fügte sie noch an: «Sie können Sie trotzdem gern haben.»

An einem der letzten heissen Augusttage fuhren mein Mann und ich auf dem Motorrad nach Grosshöchstätten im Emmental. In meinen Rucksack steckten das iPad mit Fotos von Fritz und Rosie und die Impfkarten, obwohl mir die Katzenzüchterin gesagt hatte, selbst auf solche Bescheinigungen sei kein Verlass. Vorbei an Dächern, die sich bis zum Boden herabneigen, am Horizont der sanfte Schwung der Hügel. Der Asphalt flimmerte. Ramseiers wohnen in einem Haus am Rand des Dorfs, umgeben von Bauernhöfen und Weiden. Frau Ramseier trat uns mit einer kleinen Sprühflasche entgegen, damit wir unsere Hände desinfizieren. Schon kam eine beigeweisse Katze hinzu, sie miaute und schmiegte sich an unsere Beine, die in dicken Hosen und schweren Schuhen steckten. Die Züchterin führte uns als Erstes hinter das Haus, wo wir durch die Glasfassade auf eine Landschaft aus Katzenbäumen blickten. Die Katzenbäume sahen, gemessen an unserem Baum, wie 300-jährige Buchen im Vergleich zu einem jungen Niederstammbäumchen aus. Jeder Platz auf ihnen war belegt. Braune, weisse, silbrige, rote Haarbüschel lugten hervor, einige rosa Schnauzen miauten uns tonlos zu. Ramseiers überlassen ihren Katzen drei Wintergärten, dazu gibt es für die Deckkater Aussengehege mit beheizbaren Hütten und ein Tunnelsystem, das durch den Garten verläuft. Überall standen riesige Näpfe mit Trockenfutter und Wasser herum, die man sonst Bulldoggen und Bernhardinern vorsetzt. An jeder Ecke wartete eine Katzentoilette. Die Katzen hätten Auslauf in den Monaten, in denen sie nicht rollig sind, von Mitte September bis Ende Dezember, erzählte uns die Züchterin, die ein Trägershirt trug und Dreiviertelhosen. Sie gebe ihnen die Antibabypille. So kontrolliert sie ihre Fruchtbarkeit. Die kastrierten Katzen hingegen dürften sich frei bewegen. Hin und wieder erzählen die Bauern, ihre Katzen hätten langhaarigen Nachwuchs erhalten. Doch die Spur führt nie zu Ramseiers.

«Julchen, was gibt's?», begrüsste Herr Ramseier eine grauweisse Katze, die Julia heisst.

Er ist wie seine Frau pensioniert, überlässt die Zucht aber weitgehend ihr. Wir sassen im Schatten auf dem Gartensitzplatz. Katzen schauten vorbei, sprangen auf den Tisch, flattierten miauend, um gestreichelt zu werden. Die Liebkosungen reichen bei so vielen Katzen nicht aus.

«Freyali, wir wollen keinen Zirkus» – immerhin beherrschte Herr Ramseier die Kunst, eine Katze von allen andern Katzen, die gleich aussehen, zu unterscheiden.

Freya ist siebzehn Jahre alt und gehört zu den Ältesten. Sie ist nach der nordischen Liebesgöttin benannt, deren Wagen von Waldkatzen gezogen wird. Vor über zwanzig Jahren, 1995, sei sie mit der ersten Norwegischen Waldkatze gestartet, erzählte Frau Ramseier, die ihre Katzen in Zuchten in Norwegen, Dänemark oder Deutschland holt.

«Röseli!» – Golden Rose, die wegen ihres goldenen Fells so heisst, fand sich ein.

Um die sechs Stunden verbringt Frau Ramseier täglich mit Füttern, Reinigen und Putzen. Einmal in der Woche kommt eine Coiffeuse vorbei, die sonst Hunde frisiert, um die Katzen zu kämmen. Norwegische Waldkatzen gehören zu den Halblanghaarkatzen und haben eine Unterwolle, die sie im Frühling verlieren. Ihr langes Deckhaar ist wasserdicht.

«Der Rote könnte eine Norwegische Waldkatze sein», sagte die Züchterin, als ich endlich dazu kam, ihr Fotos von Rosie und Fritz zu zeigen. Auf dem Foto liegen die beiden in einer Umarmung auf dem Bett und zeigen ihre bepelzten Bäuche; ein Bild der Innigkeit. Ich hielt ihr nicht ohne Stolz das iPad hin. «Bei der schöneren – ist das Fritz? – wäre es möglich», wiederholte die Frau ohne viel Taktgefühl. Ich hoffte, mein Mann hörte sie nicht, denn Rosie würde bei einer Scheidung ihm zugesprochen.

Ich nahm das Argument dann nicht noch einmal auf: dass nämlich in Rosies Impfschein, den wir damals von Rosies Züchterin erhielten, der Mix von Norweger und Hauskatze vermerkt ist. Und als ich jetzt diese reinrassige Katzengemeinschaft sah, erkannte ich manche Merkmale an Rosie wieder: die festen Schnauzhaare, die Ramseiers einer Bekannten geben, die damit Karten bastelt. Dass die Hinterbeine höher gestellt sind als die vorderen, und deshalb Rosies leicht schlenkernden Gang. Der Pinsel an den Ohren.

Es war Fritz, bei dem plötzlich nichts mehr gewiss schien.

Nach dem Besuch im Emmental begann ich bei meinem Kollegen nachzuforschen, dessen Katze Lucy die Mutter von

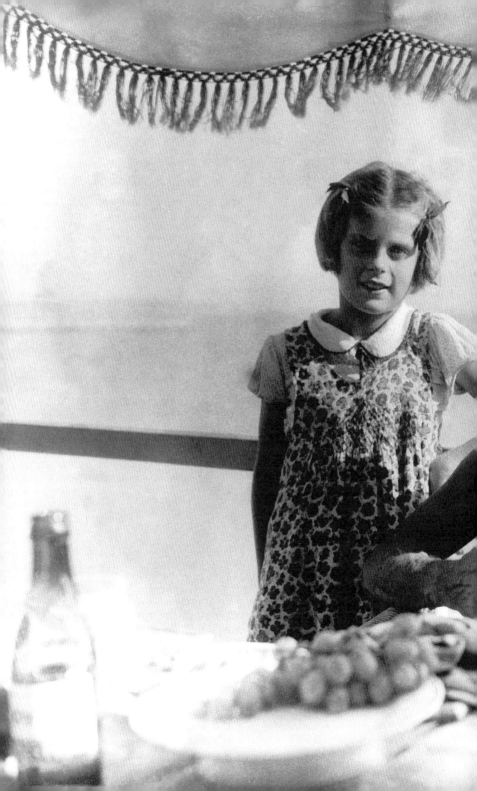

Fritz ist. Der Kollege sagte, er sei sich über die Rasse nicht sicher, ich solle bei seinem Kollegen nachfragen, der Lucys Mutter Mia besitzt. Ich fragte beim Kollegen des Kollegen, dem Besitzer von Fritzens Grossmutter Mia, nach und dieser erkundigte sich weiter bei einer Kollegin, die Fritzens Urgrossmutter Merlin besitzt. Diese gab Bescheid, dass Merlin eine reinrassige Somali und Fritzens Urgrossvater eine Siamkatze ohne Stammbaum sei.

Deswegen können wir jetzt die Idee einer Nordexpedition nicht aufgeben und für Somalia umbuchen.

Das also war das Resultat einer harmlosen Suche, die zum Ziel hatte, mehr über die Heimat unserer Katzen zu wissen. Wenn das so war, blieb uns nichts anderes übrig, als im Fall von Fritz mit einem gescheiterten Staat voller zerbombten Häusern und gekaperten Schiffen Vorlieb zu nehmen, statt ihn uns in einer Welt vorzustellen, die mit Farnteppich belegt ist und ein Nadeldach trägt. Aber ja: Ich habe Fritz genauso gern. Und begann nachzulesen. Und je mehr ich erfuhr, desto klarer wurde mir, mit wem wir es zu tun haben. Krause, Schwanz, Knickerbocker, das trifft zwar auf beide zu. Aber Fritz ist muskulöser als Ramseiers Katzen und Rosie. Vollends überzeugt war ich, als ich las, dass manche Somali für einen Rotfuchs gehalten werden.

Der Kollege hatte übrigens noch angetönt, dass Fritz' Vater womöglich auch sein Grossvater sei. Ein Kater aus dem Quartier, vermutete er, der wie ein wilder Rohling aussehe. Er versuchte einen Witz zu machen und sagte: Da passe der Name Fritzl gut. Doch nach einem Schänder kommt unser Fritz nicht, der kein Aufhebens um Sex macht. Er übt höchstens mal an der Bettdecke, die er für eine Kätzin hält und unter der meine Beine liegen, den Nackengriff.

Unser Pirat.

Katzen übernehmen das Internet

Katzen haben übernommen, jetzt auch das Internet. Das Thema braucht noch einmal ein paar Gedanken. Um die Jahrtausendwende aufgekommen, sind Katzenvideos zum popkulturellen Mainstream geworden. Etwas gefällt mir nicht daran. Denn es sind nicht die Katzen, die den Anstoss zu den Videos geben. Sie lieben uns gewiss nicht dafür und finden es lästig, wenn man ihren Kopf in eine Brotscheibe steckt und sie dabei fotografiert. Ich bin mir nicht einmal sicher, ob die Beliebtheit von Katzen im Netz Ausdruck unserer Liebe zu Katzen ist oder bloss Ausdruck der Liebe zu uns selbst, die sich in Klicks und Likes ausdrückt. Wenn wir «Cats» und «Youtube» eingeben und hängenbleiben, ist das Beste daran, dass die eigene Katze sich irgendwann auf die Tastatur legt.

Katzen werden offenbar nicht häufiger gefilmt und online gestellt als Hunde, wie Vergleiche verschiedener Medienportale ergeben haben, mit Ausnahme der Blog-Plattform TUMBLR; hier sind Katzen populärer. Und doch sind Bilder und Videos von Katzen im Netz präsenter und haben eine Kraft entwickelt. Sie werden angeschaut, kommentiert und nachgeahmt, sie verbreiten sich und inspirieren dazu, schnell das Smartphone auf die ständig Anwesenden zu richten. Katzen sind dankbare Protagonisten. Sie vergessen, dass sie gefilmt werden. Sie sind launisch, selbstbezogen und deshalb für überraschende Szenen gut. Sie haben ein Improvisationstalent, bewegen sich schnell und flink und eignen sich fürs bewegte Medium.

Im Gegensatz zur Jägerin Katze blickt das Rudeltier Hund treuherzig in die Kamera und erwartet von ihr wohl auch noch Befehle. Während Katzen besser mit Sofia Coppola arbeiten würden, fänden Hunde in Oliver Stone ihren Regisseur.

Wenn Katzen aber einmal in eine Linse blicken oder in unsere Augen, dann frontal, nicht wie eine Ente, deren Augen seitlich am Kopf auf einem langen Hals befestigt sind und die nie so vielsagend schauen. Eine Ästhetik des Niedlichen versucht zu erklären, warum wir Katzen so gerne anschauen. Eigenschaften und Verhaltensweisen, die niedlich aussehen, könnten in der Evolution wichtig gewesen sein, als optische Signalisierung: der runde, im Verhältnis zum Körper grosse Kopf, die nach vorn gerichteten Augen unter einer hohen Stirn, kleine Nase, kleiner Mund. Wenn das Wesen dann noch gegen Stuhlbeine purzelt, rührt seine Unbeholfenheit und Verletzlichkeit an den menschlichen Instinkt, es beschützen zu wollen: Es erinnert an ein Baby. Herzige Bilder sollen zudem dieselben Hirnregionen stimulieren wie Sex, gutes Essen oder Kokain. Allein der Konsum von Katzenvideos löst demnach Behagen aus, man fühlt sich weniger gestresst.

So vermittelt es die Ausstellung *How Cats Took Over the Internet,* die ich im MUSEUM OF THE MOVING IMAGE in New York gesehen habe. Mein Mann und ich hätten die mediale Stressreduktionsmethode lieber via Skype mit Rosie und Fritz ausprobiert. Aber die Laptops zu Hause waren zugeklappt. An einem regnerischen Samstag fuhren wir mit der Subway in den Stadtteil Queens. Eine Ratte eilte über das Trassee, als wir auf den R-Zug warteten. Eine Band spielte Blues. Eine Mutter gab ihrem weinenden Baby ein Feuerzeug zum Spielen. Wohl zum ersten Mal widmet sich ein seriöses Museum den felligen Filmmonstern. Nicht, weil es sich um Kunst handle, liess der Direktor verlauten, sondern weil das Phänomen kulturell bedeutsam sei. Als wir die Treppe zu den Million-Dollar-Katzen hochstiegen, die so berühmt sind, dass ihre Besitzer reich werden, kam uns Lachen entgegen. Auf Bänken vor einer Leinwand sassen Leute und schauten sich Katzenvideos an. Wir setzten uns dazu. Die Kinder links und rechts kreischten, als eine kleine Katze vor einem Reptil auf allen Vieren in die Höhe sprang. Ein dicker Mann vor uns boxte seinen Nachbarn in die Seite, weil sich eine Katze auf einen Plattenspieler setzte, und während es ihn schüttelte vor Lachen, schaute er seinen Nachbarn an, um zu prüfen, ob dieser auch lacht.

In New York sieht man keine Katzen auf der Strasse. Höchstens sitzt mal eine auf dem Fenstersims einer ebenerdigen Wohnung und blickt hinter dem Vorhang auf die Passanten. Und doch sind sie ein Lieblingstier der Stadt, das bezeugen allein die Cartoons im Magazin THE NEW YORKER. Und eine Ausstellung über Katzenvideos. Auf einer Wandbreite wurde gezeigt, welche Tiere in anderen Kulturen im Netz regieren: in Uganda Ziegen und Hühner, in Mexiko das Lama. Doch kaum jemand verweilte vor dieser Wand. Der wichtigste Grund für die Filmtauglichkeit von Katzen wurde auf den Tafeln daneben verraten: weil sich so gut in sie hineindeuten lässt. Nur so konnte das Genre des «Cat shaming» entstehen, wie Leute es nennen, die ihre Katzen mit Schildern abbilden, auf denen sich die Katzen dafür entschuldigen, neben das Kistchen gemacht oder einen Haarball aufs Bett gespuckt zu haben.

Es ist lustig, lachenden Leuten zuzusehen. Doch ich mag ihre Freude nicht teilen, weil mir deren Quell nicht behagt. In den Videos werden Katzen absichtlich in eine peinliche Situation gebracht oder vorgeführt. Sie springen auf eine Mauer und verfehlen das Ziel. Wie tief fallen sie, und könnten sie sich wehtun? Sie steigen kopfvoran in eine Vase, und wer weiss, ob der Filmer zuvor einen Snack darin platziert hat. Wie finden sie wieder heraus? Wenn die Katzen es auch nicht so empfinden, so werden sie doch lächerlich gemacht.

Tiere würden es jedenfalls hassen, wenn man sie auslacht, hat John Cleese, der Komiker von *Monty Python,* einmal auf die

Frage gesagt, ob Tiere Humor hätten. Cleese mag Tiere. Ein Freund von ihm hätte einen Tiger beim Trinken beobachtet. Der Tiger setzte einen Fuss auf einen Stein und verlor beinahe das Gleichgewicht, was nicht sehr würdevoll aussah. Worauf sich der Tiger umschaute, als wollte er sich vergewissern, dass ihn bei seinem Missgeschick niemand beobachtet hatte. «Wundervoll», sagte John Cleese.

Ein Tierphilosoph, dem ich die Anekdote weitererzählte, sagte: Der Tiger habe sich wohl umgeschaut, weil er eine Sekunde unachtsam war – um kurz zu checken, dass sich ihm kein Feind näherte. Er bezweifelt, dass Tiere Scham empfinden. Es ist wohl besser so.

Ich denke zwar manchmal auch, Fritz sei jetzt in einem Alter, in dem er sich schämen müsste, vor jeder fremden Stimme zu flüchten. Ich möchte ihm das sagen, wie man mit erzieherischer Absicht ein Kind einen Angsthasen nennt, damit es seine Scheu endlich überwindet. Dies jedoch filmen? Es wäre das langweiligste Video einer aufgewölbten Bettdecke.

Trotz allem sehe ich in Katzenvideos nicht ein Zeichen für den Niedergang der Kultur, wie das manche tun. Es gibt Frivoleres, das man vorher verbieten müsste. Kritiker nehmen sie jedoch gerne als Massstab dafür, dass Medien ihren Auftrag nicht mehr ernst nehmen. Sie beklagen, dass herumspringende Fellknäuel mehr Interesse finden als die Krise zwischen Russland und der Ukraine – entsprechend würden die Medien ihre Leser mit solchen gefälligen Inhalten füttern. *How Cats Took Over the Internet* stellt jedoch auch falsche Annahmen richtig. So korrigiert die Ausstellung etwa die verbreitete Aussage eines Katzenfutterherstellers, wonach 15 Prozent des Internetverkehrs mit katzenbezogenen Seiten zu tun habe. Doch selbst auf YOUTUBE steigt die Zahl der Katzenvideos kaum je über 0,3 Prozent.

Und manchmal entsteht dank der Netzstars sogar mehr als bloss eine Galerie von Katzen, die nach Donald Trump frisiert sind, dem Präsidentschaftskandidaten. Als nach den islamistischen Terrorattacken von Paris für ein paar Tage auch in Brüssel höchste Alarmstufe herrschte, bat die belgische Polizei die Nutzer sozialer Netzwerke, keine Informationen von Antiterror-Razzien zu verbreiten. Die Leute hielten sich daran – und twitterten stattdessen Bilder und Videos von Katzen. Für einmal dürfte es den Katzen nichts ausgemacht haben, dass man sie benutzte, bloss weil sie Katzen sind. Sie wurden zwar auch diesmal verkleidet und vorgeführt, doch am Schluss galt die Heiterkeit nicht ihnen, sondern der Geste: ein umwerfend banales und harmloses Medium als Waffe gegen den Terrorismus einzusetzen. Die Leute sagten mit der Katzen-Aktion gleichsam, was sie von der nervösen Aufforderung der Behörden hielten. Sie machten sich auf subversive Weise darüber lustig. Die belgische Polizei bedankte sich bei ihren Bürgern, dass sie stillgehalten hatten, selbst mit einem Tweet: einem gefüllten Futternapf, auf dem «Polizei» stand.

Fritz und Rosie fliegen nach New York

Träumen Menschen von ihren Katzen als Akteuren? Nachdem Rosie mich als Unterlage für ihren frühen Morgenspaziergang braucht und Fritz sich für die letzte Runde Schlaf vor dem Aufstehen in meinen Arm rollt, baue ich sie oft in meine Unterwelten ein. Beim Erwachen, wenn ich die Träume einsammle, weiss ich, dass sie darin vorgekommen sind, aber ich erinnere mich nicht mehr genau, wie. Ich nehme nicht an, dass sie handeln und reden wie in einem Märchen. Und doch werden unsere Vorstellungen von ihnen in den Träumen schärfer umrissen.

Nachdem ich den Film *Shaun the Sheep* gesehen habe, träumte ich, Fritz und Rosie reisten mit mir nach New York. Ich freute mich, meinen Lieblingskatzen meine Lieblingsstadt zu zeigen, gleichzeitig war es ein Angsttraum. Im Animationsfilm von Mark Burton und Richard Starzack, der auf einer Fernsehserie beruht, bricht eine Schafherde in die Grossstadt auf, um den Bauern zu suchen, ihren Besitzer. Die Schafe haben ihn ungewollt dorthin befördert. Da ihnen der Trott auf dem Land selber verleidet ist, verspricht die Skyline in der Ferne Aufregung und Abwechslung. Doch in der Stadt angelangt, haben es bald Tierfänger auf sie abgesehen.

Ich spazierte mit Fritz auf der Bleecker Street in Downtown Manhattan. Er war auf Augenhöhe, ich meine als Begleiter, ich erklärte ihm dies und das, gab die Reiseführerin. Dunkel erinnere ich mich, dass er plötzlich den Schutz von Büschen suchte, weil ihm jemand böse wollte, und er dabei verlorenging. Könnte auch sein und ist wohl wahrscheinlicher, dass die Autos, die Leute und der Dogwalker der hier oft anzutreffen ist, ihn verschreckten. Fritz wiederzufinden, war aussichtslos.

Der Traum griff einen Gedanken auf, der mich ab und zu beschäftigt. Was wäre, wenn wir nach New York ziehen würden? Kämen unsere Katzen mit? Sie hätten keine Wahl. Wie gingen wir vor? Shaun und seine Schafe fahren im Bus in die Stadt. Fritz und Rosie müssten fliegen.

Am Flughafen Zürich gibt es eine Firma, ACE PET MOVING heisst sie, die den Transport von Haustieren für eine kosmopolitische Kundschaft organisiert. Die modernen Arbeitsnomaden bewegen sich heute weltweit und kennen die Einsamkeit. Sie werden von der Schweiz auf die Botschaft im Sudan versetzt und gehen nicht ohne ihre Katze. Sie verpflichten sich für drei Jahre bei einer Pharmafirma in Basel und bringen ihre zwei Hunde aus Argentinien mit. Wenn man schon in fremde Kulturen geht und sich aus vertrauten Bezügen löst, soll einen das Lebewesen begleiten, das die Seele des Zuhauses verkörpert, damit das neue Heim bald auch wieder zum Zuhause wird. Um die 1000 Tiere verschickt oder empfängt ACE PET MOVING pro Jahr, laut dem Unternehmen werden es immer mehr. 60 Prozent davon sind Katzen, dann natürlich Hunde, Hasen, Fische, Echsen und sogar Löwen, wie die Slideshow auf dem Tablet auf der Empfangstheke zeigt. An diesem Tag bin ich dabei, wenn die Katzen Bonnie und Clyde verreisen. Ich betrachte es als eine Art Probehandlung für den Fall, dass es dereinst für uns ernst gälte. Zusammen mit der Chefin der Tierspedition durch die Luft klingeln wir kurz nach acht Uhr morgens an der Wohnungstür einer Überbauung im Zürcherischen Stäfa. Frau Imhof, die sich als Marianne vorstellt, arbeitet seit sieben Jahren für ACE PET MOVING. Sie hat mir vorher den Plan geschickt, bis zur «Übergabe der Katzen an die Airline für den Flug nach LA». Bonnie und Clyde kehren mit ihren Besitzern, die als Expats ein Jahr lang in der Schweiz gearbeitet haben, nach Kalifornien zurück. Marianne, die in ihrem Tiertaxi vom Flughafen hergefahren ist, hat blonde Strähnen und behält den Überblick; eine Abwicklerin. Sie kennt die Anliegen und Sorgen ihrer Kundschaft. «Das Wichtigste ist, nicht gestresst zu wirken», sagt sie. Auch wenn mal ein Dokument fehlt, eine Maschine nicht abheben kann: «Es gibt immer einen Plan B.» Und noch etwas anderes sei wichtig: «Wir sollten die Leute nicht in ihrem Abschiedskummer unterstützen.»

Cathy und Dave, die Katzenbesitzer, stehen etwas verloren in ihrem Wohnzimmer, in dem auch zwei Transportboxen stehen. Die Boxen sind grösser und robuster als unsere, auch grösser als die Box, die ich endlich gekauft habe für den ausgewachsenen Fritz. Zuerst meinte ich, ich müsste in die Hunde-abteilung gehen. Aber es ist jetzt die grösste Box, die es für Katzen gibt im QUALIPET, und wenn ich denke, wie gern sich Fritz in kleine Schachteln quetscht oder in einen Spalt drängt, dann muss ich ihn wirklich nicht im Pferdeanhänger zum Tierarzt fahren. Etwas mehr Bewegungsfreiheit auf einem zwölfstündigen Flug ist jedoch vorgeschrieben und also auch diese Boxen von ACE, die man kaufen muss. Bonnie und Clyde, die eine Katze grau, die andere schwarz, befinden sich schon darin. Die Boxen sind mit ihren Namen und ihrem Alter be-schriftet, es sind Schwester und Bruder, elf Jahre alt, von der Rasse Maine Coon. Sie sind ganz ruhig, als erinnerten sie sich daran, die Reise schon einmal gemacht zu haben und an deren Ende Cathy und Dave wiederzusehen.

Cathy, eine gepflegte, hübsche Frau um die fünfzig, bestä-tigt auf Englisch, die Vorgaben befolgt zu haben, die ich mir bei Fritz und Rosie schwierig vorstelle: Sie hat ihnen seit dem Vorabend nichts zu essen gegeben. Dafür klebt auf jeder Box ein Sichtsäckchen mit Trockenfutter. Sie erhalten es aber erst bei der Ankunft, eine psychologische Massnahme. Es ist das Futter, das sie kennen. Das Wasser im Trinkbehälter ist ver-eist. Sie reisen nüchtern, damit ihnen nicht schlecht wird oder sie aufs WC müssen. Die Boxen hat Cathy schon vor ein paar Tagen hingestellt, damit sich die Katzen daran gewöhnen, sie beschnuppern, sich hineinlegen.

Katzen, die nach draussen können, nehmen es mit der Zeit nicht immer so genau und sind manchmal noch unter-wegs, um die letzten Dinge zu erledigen, wenn sie eigentlich schon reisefertig sein müssten. Es komme nicht oft vor, sagt Marianne, aber einmal hatte sich eine Katze verspätet. Die Besitzer warteten in der Wohnung mit der leeren Box. Die Katze traf erst ein, als der Fahrer von ACE unverrichteter Dinge zum Flughafen zurückfuhr. Er kehrte dann auf halbem Weg um, und das Flugzeug musste nicht warten auf Passagiere von verspäteten Anschlussflügen oder -fahrten. Es hätte auch nicht gewartet.

Nichts deutet auf einen Umzug hin in der Wohnung, durch deren grosse Fenster die Morgensonne scheint und von wo aus man auf den Zürichsee sieht. Cathy und Dave reisen erst in vier Tagen nach. Deshalb werden ihre beiden Katzen als Fracht verschickt. Sie könnten sie auch als Gepäck mitnehmen, dann aber müssten sie auf demselben Flug sein, die Katzen selber aufgeben und am Zielort wieder entgegennehmen. Es käme billiger, wäre für sie aber mit grösserem Aufwand verbunden. Jetzt wird sich in Los Angeles eine Partneragentur von ACE PET MOVING um die beiden Katzen kümmern, sie bis zur Ankunft von Cathy und Dave in ein Tierheim bringen oder zu Bekannten. Manche Leute wollten unbedingt im Flugzeug reisen, in dem sie ihre Tiere wissen, sagt Spediteurin Marianne, da sie meinten, die Tiere im Bauch der Maschine spürten ihre Anwesenheit. Sie verdreht die Augen. Das habe auch ihr Mann gemeint, als er mit seiner Katze in die Schweiz flog, die er in Dubai aus einem Tierheim adoptiert hatte. Sie selbst würde sich das ersparen. Ein Umzug ist hektisch, man räumt die Wohnung und richtet sich am andern Ort neu ein, da würden Tiere nur stören und fühlten sich gestört. Marianne ist natürlich auch geschäftstüchtig. Aber ihr Argument leuchtet mir ein. So bedränge ich sie mit Fragen.

Sind die Mitarbeiter beim Zoll oder bei der Fracht auch genügend tierliebend? Kann man davon ausgehen, dass die Leute, die die Katzen in Los Angeles in Empfang nehmen, es ebenso sind?

«Es sind Tiere», sagt Marianne dann, nicht ungeduldig, aber bestimmt. Und die ganze Reise sei so gut organisiert und dokumentiert, dass wohl niemand einen Fehler verantworten möchte. Gerade weil die Besitzer ja nicht wenig dafür zahlen, dass ihre Tiere unbeschadet ankommen. Am liebsten wäre mir trotzdem, Fritz und Rosie reisten in der Passagierkabine mit. Ich hatte gelesen, das wäre erlaubt, solange eine Katze nicht schwerer als sechs bis acht Kilo ist, je nach Airline. Im Fall von Fritz liess mich das zweifeln, und ich wollte mich bei Marianne erkundigen. Nähme die SWISS ihn mit? Das fände sie so oder so keine gute Idee, sagt Marianne. Sie rate jedem Katzenbesitzer davon ab: «Erstens wäre die Box kleiner und die Katze müsste kauern.» Sie streckt den zweiten Finger in die Luft. «Zweitens ist es egoistisch den andern Passagieren gegenüber. Was, wenn die Katze miaut und in die Box macht? Oder noch schlimmer: die Person im benachbarten Sitz eine Katzenallergie hat?»

Aber auch im Frachtraum hat es nicht immer Platz für Tiere. Man muss zuerst checken, was alles noch transportiert wird. Früchte, die eine niedrige Temperatur und spezielle Lüftung brauchen? Trockeneis setzt den Sauerstoff herab. Oder wird eine verstorbene Person – Marianne sagt «Leiche» – überführt? Tiere könnten sie riechen. «In einem Flugzeug wird *alles* transportiert», sagt Marianne mit Nachdruck. Dass es nicht zu warm und nicht zu kalt wird unten im Frachtraum und der Druckausgleich stimmt, das kontrolliert der Pilot während des Fluges. Manche Airlines weigern sich, Tiere mit flachen Nasen zu transportieren, weil diese schnell Atemprobleme bekommen, vor allem im Sommer. Sie nehmen nicht bloss keine Mopse mit, «diese Modehunde», wie Marianne sagt, sondern auch Perser und Burmakatzen werden nicht akzeptiert. Bei den Katzen der Weltreisenden sticht keine bevorzugte Rasse heraus. Sie halten Norweger, Maine Coon, Siamesen, aber viele auch normale Hauskatzen.

«Haben Sie die Dokumente?», fragt Marianne, und Cathy breitet auf dem Tisch die verlangten Papiere aus. Ganz wichtig ist ein Gesundheitsnachweis. Dafür müssen die Tiere Wochen vorher zum Tierarzt, wo sie geimpft werden, um sicherzugehen, dass sie weder Tollwut noch andere Krankheiten in ein Land tragen.

Dann heisst es Abschied nehmen. Cathy kniet nieder und hält ihre Finger in die Boxen. *«Bye-bye, love you»*, sagt sie mit hoher Stimme, und als wüsste sie, wie man Adieu sagt, streckt Bonnie die Pfote durch die Gitterstäbe. *«Bye»*, sagt Dave, der weiterhin mit verschränkten Armen dasteht, zu uns. Marianne ergreift die Box mit Clyde, ich trage Bonnie hinaus. Wir sind gut in der Zeit. Die Maschine geht um ein Uhr, und es ist noch nicht einmal neun.

Auf dem Weg nach Kloten frage ich Marianne, ob man Katzen beim Wiedersehen die Freude anmerke. Viele würden schnurren, sagt sie, während sie das Auto durch dichten Nebel lenkt, in den wir plötzlich gefahren sind. Sie werde mir nachher auf ihrem Smartphone ein paar Filme zeigen. Und dass Tiere traumatisiert sind? Es komme vor, dass eine Katze gestresst wirkt. Unvergesslich ist ihr eine Katze aus den USA, die in so schlechtem Zustand eintraf, dass der Grenztierarzt sie in den Notfall schickte. Sie wurde geröntgt, und dabei sah man, dass sie seit mehreren Tagen nicht mehr auf dem WC war. Ihre Besitzerin war selber so gestresst vor der Reise, dass sie es nicht merkte. Der Kot, sagt Marianne, sei hart gewesen wie Beton. Sie macht ein Gesicht, als schaudere es sie noch immer.

Am Flughafen, Frachtgebäude Ost, beginnt Marianne in ihrem Büro die zwei Boxen zu beschriften und zu etikettieren. Sie klebt mit Klebband alle Originaldokumente in einem Sichtmäppchen auf den Deckel, denn die Katzen können sie ja nicht in ihrer Brusttasche auf sich tragen. Dazu platziert sie

ein paar Etiketten, auf denen «*Live Animals*» steht. Falls sie mal vergessen sollte, wie die Richtlinien der jeweiligen Fluggesellschaft sind, holt sie ein Buch hervor, *Live Animals Regulations* steht darauf, «unsere Bibel», sagt sie. Für die Amerikaner könne es nie genug sein, sagt sie und klebt noch einen Sticker auf die Box. Dann macht sie mit ihrem Smartphone ein paar Fotos von Bonnie und Clyde, zoomt sie heran, damit man keine Gitterstäbe sieht. Sie wird die Bilder Cathy mailen, um ihr ein sicheres Gefühl zu geben. Manchmal rufen die Besitzer alle zehn Minuten an und fragen, ob bisher alles gut gegangen sei. Dann muss Marianne auch einmal eine Grenze setzen. Bonnie und Clyde blicken mit runden Augen in die Linse, kein Laut kommt von ihnen, als hätten sie einen Tranquilizer zu sich genommen. Doch Valium-Leckerli, wie sie eine Kundin ihrer Katze verabreichte, sind verboten. Zu gross wäre das Risiko, dass die Katzen zu schwitzen beginnen, erbrechen müssen und ersticken.

Um zehn Uhr sind die Boxen reisefertig. Wir tragen sie wieder ins Auto, Marianne zurrt die Gurte fest und fährt sie zu SWISS TRANSPORT um die Ecke, um sie einem Kollegen zu übergeben. Die Katzen kommen jetzt in die Tierstation, wo sie die Box noch einmal verlassen dürfen. Viele wollen aber gar nicht. Beim Security Check werden sie dann geröntgt und bald danach ins Flugzeug verladen.

Wie viel würde mich ein Umzug nach New York kosten? Nähme ich Rosie und Fritz als Gepäck mit, müsste ich pro Katze ungefähr 300 Franken zahlen. Gebe ich sie als Fracht auf, beliefe es sich auf 1600 Franken. Gerechnet wird in Volumenkilo: Sie haben als Fracht dank grosser Box mehr Platz als oben. Der räumliche Abstand zu einem mitreisenden Hund schlägt nicht auf den Preis. Ein Hund reist nur im selben Frachtabteil, wenn er zur selben Familie gehört wie die Katzen.

Für die wenigsten Besitzer wird der Entscheid, ob sie ihr Tier als Gepäck oder als Fracht aufgeben, eine Frage des Geldes sein. Am wenigsten für die Expats, deren Arbeitgeber den Transport bezahlt. Manchmal will jemand sein Haustier in die Ferien mitnehmen. «Ferienreisen», sagt Marianne aber, «lehnen wir im Interesse des Tiers ab.»

Obwohl die tierethischen Richtlinien strenger werden und es dazu immer wieder Anhörungen gibt, werden die Tiere noch lange nicht von jeder Fluggesellschaft wie sehr wichtige Fluggäste behandelt. Mit AIR FRANCE etwa schickt ACE PET MOVING keine Tiere nach Paris, weil die Tierstation in Paris nicht ihren Anforderungen entspricht. Auch Indien sei mühsam. «Die ändern ihre Bestimmungen täglich.» Für Australien braucht es ein halbes Jahr Vorbereitung, die Katze darf nur als Fracht reisen und muss zehn Tage in die Quarantäne. Nach Australien, wo sogar Meerschweinchen Einreiseverbot haben, würde ich mit Fritz und Rosie niemals hin.

Sowieso bin ich mir plötzlich nicht mehr sicher, ob ich meinen Katzen New York zeigen will. Auch wenn im Flughafen JFK ein eigener Tierterminal namens «The Ark» geplant ist, der über 16 000 Quadratmeter umfassen soll, wo es Erholungszonen gibt und medizinische Betreuung rund um die Uhr für Katzen, Vögel, Pferde. Auch wenn dieses 48-Millionen-Dollar-Projekt bald eröffnet würde, woran Marianne Imhof erst glauben will, wenn der erste Grundstein gelegt ist – auch dann überlege ich mir, ob ich meine Katzen in ein Flugzeug setze. Inzwischen habe ich von Jacks Geschichte gehört, dem Kater, der 2011 im JFK ausgerissen ist und erst zwei Monate später wieder zum Vorschein kam, als er im Zollbereich von der Decke fiel. Jack, eine Norwegische Waldkatze, überlebte zwar den Sturz, aber er war ausgehungert und dehydriert und erholte sich nicht mehr. Er starb wenige Wochen später.

Die Wut damals auf AMERICAN AIRLINES, die Fluggesellschaft, die den Kater hätte transportieren sollen, aber ihrer
Aufsichtspflicht nicht nachkam, war gross. Jack erhielt eine
eigene FACEBOOK-Seite, auf der sich fliegende Katzenfreunde
bis heute austauschen.

Zu Hause erzählte ich Rosie und Fritz von Bonnie und
Clyde und der langen Reise, die diesen bevorsteht. Dass ich zu
Recherchezwecken dort war, erwähnte ich lieber nicht mehr.
Um ein Uhr hörte ich ein Flugzeug über den Dächern.

Flüchtlinge und eine Katze im selben Boot

Es ist nicht bekannt, was die anderen Menschen im Schlauch-
boot sagten, als eine Mutter mit fünf Kindern einen Trans-
portkorb ins Boot hob, aus dem ein Miauen drang. Durch die
Öffnung sahen sie weisse Haarbüschel. Vielleicht dachten sie:
Eine Katze! Ist die Frau verrückt? Wo wir sonst kaum Platz
haben. Vielleicht fragten sie sie: Wie kommen Sie darauf, Ihre
Katze mit nach Europa zu nehmen und womöglich noch für
ihren Platz zu zahlen, während Sie allen übrigen Besitz zurück-
lassen mussten? Wahrscheinlich sagte niemand etwas, weil
alle von Angst erfüllt waren und nicht wussten, was sie erwar-
tete – ob sie die Reise übers Meer überhaupt überleben würden.
Nur hin und wieder hob ein Kind den Kopf, wenn die Katze
schrie, und hielt kurz beim Weinen inne; bevor das Schaukeln
des Bootes die Katze wieder erschöpft verstummen liess und
das Kind erneut zu weinen begann. Die Wellen übertönten
meistens jeden Laut. Salzwasser spritzte an die Schwimm-
westen der Passagiere und in den Korb.

Nachdem der IS im Juni 2014 die nordirakische Stadt Mossul erobert hatte, entschloss sich eine Mutter mit ihren fünf
Kindern, die Heimat zu verlassen. Die Familie Al Alaf hatte

sieben Katzen, sie konnte auf die Flucht, die zuerst über den Landweg durch die Türkei führte, aber nur eine mitnehmen. Die Kinder entschieden sich für die schönste von allen, einen Kater, der lange weisse Haare hatte und eine auffällig grosse rosa Schnauze. Kunkush. Kunkush sollte mit auf die Reise. Die anderen Katzen blieben mit dem Grossvater in Mossul zurück.

An einem Tag gegen Ende Oktober 2015 kam das Flüchtlingsboot an der Küste im Norden der griechischen Insel Lesbos an. Die Rufe der Helfenden an Land, das Rascheln der Wärmefolien, das schwankende Boot, während einem nach dem andern an Land geholfen wurde – es herrschte aufgeregte Betriebsamkeit, doch Routine überwog. Einige Flüchtlinge sanken erschöpft zu Boden, kaum waren sie an Land. Als der Korb mit der Katze an der Reihe war und auf festen Grund gestellt wurde, achteten die Mutter und ihre Kinder einen Moment nicht auf sie, sie waren selber benommen, erleichtert auch. Und so sprang der verschreckte Kunkush aus dem Korb und rannte davon. Während Stunden suchten sie nach ihm, auch freiwillige Helfer beteiligten sich, doch sie fanden ihn nicht. Familie Al Alaf musste ohne ihren Kater weiterziehen. Von Camp zu Camp, um sich registrieren zu lassen, mit der Fähre aufs griechische Festland, dann möglichst bald Richtung Nordwesten – bevor Europa seine Grenzen schloss.

Ein paar Tage später tauchte eine Katze im nahen Fischerdorf Skala Sykmanenia auf, ihr weisses Fell war schmutzig und verfilzt, die Nase schwarz. Sie war hungrig, sprang auf die Tische der Cafés, die andern Strassenkatzen liessen sie nicht ans Futter heran, das ihnen ausgelegt wurde. Die fremde Katze fiel auch auf wegen ihrer langen Haare. Und so erkannten die zwei amerikanischen freiwilligen Helferinnen Amy

Shrodes und Ashley Anderson, die auf Lesbos die ankommenden Flüchtlinge betreuten, die verlorengegangene Katze der Familie aus Mossul. Der Vorfall mit dem ungewöhnlichen Passagier hatte sich herumgesprochen. Es kommt selten vor, dass Flüchtlinge ihre Katze, ihren Hund oder den Wellensittich mit übers Meer nehmen. Aber es kommt vor. Die jungen Frauen wollten sich um die Katze kümmern, nannten sie «Dias», mit dem neugriechischen Wort für Zeus, den Herrscher des Olymps, und machten einen Aufruf auf Facebook. Sie hatten keine Ahnung, wohin die irakische Familie, deren Name sie nicht einmal kannten, weitergereist war. Mit dem Geld, das sie später über Crowdfunding sammelten, bezahlten sie Tierarzt- und Reisekosten: «Dias» musste geimpft, entwurmt und kastriert werden und erhielt einen Tierpass – Formalitäten, nicht anders, als sie für Bonnie und Clyde nötig waren, die zwei Katzen der Expats, die in ihre Heimat LA zurückkehrten. Ohne diese Dokumente hätte auch die Flüchtlingsfamilie in kein EU-Land einreisen können mit ihrer Katze.

Als Kater «Dias» Griechenland schliesslich verlassen durfte, brachten ihn seine Betreuerinnen nach Berlin, von wo aus sich die Suche nach den Besitzern leichtergestaltete, und brachten ihn dort bei einer Pflegefamilie unter. Sie verstärkten die Kampagne, eine Tierrechtsorganisation half ihnen dabei. Verteilten Flyers auf Arabisch und Persisch in Flüchtlingszentren, eröffneten eine Website für Spenden. Die FACEBOOK-Seite «Reunite Dias» wurde bald tausendfach geteilt. Medien berichteten.

In der Zwischenzeit war die irakische Familie Al Alaf in Norwegen angekommen. Seit Anfang Jahr lebte sie in der Kleinstadt Steinjker. Und hier war es, dass sie Kunkush in einem Artikel auf der britischen DAILY-MAIL-Website erkannten. Ein Nachbar half ihnen dabei, via FACEBOOK Kontakt mit den Retterinnen ihrer Katze aufzunehmen. Man skypte und tauschte Fotos aus, um sicherzugehen, dass es sich um die vermisste Katze handelte.

Nach fast vier Monaten, in denen sie getrennt waren und nach 4000 Kilometern, die sowohl die Besitzer wie der Kater durch Europa zurückgelegt hatten, sahen sie sich am 18. Februar 2016 wieder. Es lag Schnee in Steinjker und es war kalt. Die Mutter hob Kunkush aus der Transporttasche, umringt von ihren Kindern. Alle weinten und nannten seinen Namen. Kunkush. Der weisse Kater sträubte sich zuerst. Dann hielt er in ihren Armen still und liess sich streicheln.

Ein Tierarzt redet über die letzten Dinge

Das Sterben eines Haustiers ist schwierig geworden. Wir glauben jetzt, die Angst dieses hilflosen Wesens zu fühlen. Wir haben unsere eigene Angst kennengelernt. Wenn in meiner Kindheit eine Katze auf der Dorfstrasse überfahren wurde, lud sie meine Mutter auf eine Schaufel und trug sie auf den Miststock. Der Körper war schon steif, wenig Blut lag in ihrem Mundwinkel. Manchmal reute meine Mutter der Verlust einer Katze. So nannte sie es. Als Kinder begruben wir eine Katze auch mal im Garten, nagelten zwei Holzlatten zu einem Kreuz aufeinander und schrieben einen Namen darauf. Unser Interesse schwand, bevor die Blumen auf dem kleinen Erdhügel verwelkt waren.

Heute wird über das Sterben der eigenen Katze oder des Hundes in der VOGUE, der ZEIT oder der NEW YORK TIMES geschrieben. Meistens geht es dabei um die Schilderung persönlicher Erlebnisse. Die Schreibenden befragen sich selbst und nehmen gleichzeitig die öffentliche Empörung vorweg, dass die medizinischen Massnahmen, die ein Tier am Leben erhalten, schnell einmal den Betrag übersteigen, den eine Collegeausbildung kostet.

Die Liebe für ein Haustier mache uns unempfindlich seinem Leiden gegenüber, las ich in einem dieser Bekenntnisse. Man warte, bis einem der Hund «sagt», er sei bereit zum Sterben. Doch vor lauter Liebe überhörten wir sein Winseln. Er soll noch einen Tag länger leben dürfen! – bis man merkt, dass dieser Extratag nicht für das Tier, sondern für den Menschen ist. Man fühlt sich im Nachhinein schuldig, dass man die Katze in einem sterilen Notfall sterben liess und nicht zu Hause, solange es möglich gewesen wäre, auf dem alten Pullover, den Kitty liebte, mit den vertrauten Gerüchen.

So lautet das Dilemma heute: Erste Anzeichen von Altersschwäche sind kein Grund mehr, ein Haustier einzuschläfern. Selbst Krebs oder ein Herzleiden lassen uns hoffen, obwohl wir es eigentlich besser wissen.

Der Widerwille, Tiere sterben zu lassen, hat selbst die Veterinärmedizin erfasst. Tierärzte stellen sich dieselben moralischen und ethischen Fragen wie Humanmediziner, die todkranke Menschen am Leben erhalten und ins Sterben begleiten. Studien fanden sogar heraus, dass Tierärzte ein viermal höheres Risiko haben, Suizid zu begehen, als andere Berufsgruppen und sich doppelt so häufig das Leben nehmen wie Arztkollegen anderer Fächer.

Es war an der Zeit, endlich wieder einmal zum Tierarzt zu gehen und ihm ein paar Fragen zu stellen. Ich meldete Fritz und Rosie bei Doktor Mettler an, dem Tierarzt ihres Vertrauens.

Dass ich mich dieses Jahr getraut habe, ihm die Katzen vorzuzeigen, hat einen weiteren Grund. Ihre Terrassenausbeute schien mir eine Untersuchung und eine Impfung nötig zu machen; auch wenn sie in die Beutetiere bloss hineinbeissen wie in einen Appetizer, den sie dann liegenlassen. So fuhr ich an einem Tag mit der einen, tags darauf mit der andern Katze hin, da wir zu diesem Zeitpunkt noch keine zweite Box hatten. Sie beklagten sich hinten im Auto ausgiebig. Weil Tierarzt Maik Mettler auf meine Frage meinte, die Transportbox sei schon für Rosie nicht zu grosszügig bemessen, fuhr ich nach dem ersten Termin quer durch die Stadt, um eine grössere zu kaufen, in der ich zwanzig Stunden später Fritz in sein Sprechzimmer trug. Der Tierarzt redete mir aber nicht etwa ins Gewissen. Doktor Mettler, ein Mann um die vierzig, dunkle Haare, Brille, feine Statur, selber eher der Katzentyp, wie er mir einmal sagte, war milde und höflich. Er ist wohl auch von Vorsicht geleitet, als machte er so seine Erfahrungen mit Helikopter-Tierbesitzern, die sich wie engagierte Eltern nichts vorschreiben lassen und sicher keine Vorwürfe über richtige Tierhaltung hören wollen.

Wie jedes Mal hatten sich Fritz und Rosie ausserhalb unseres Daheims in Katzen zurückverwandelt, die der Tierarzt als gesund befand und nicht einmal als zu schwer. «An Gewicht zulegen sollte er aber nicht mehr», sagte Herr Mettler, als die Waage, auf der Fritz kauerte, fünfeinhalb Kilo anzeigte. «Nicht wahr?», sagte er zu Fritz, streichelte über sein Fell und lobte dessen Pflege. An den Wänden des Souterrains hingen verblichene Fotos von Nashorn, Gepard und Tiger; Tiere, die in der Kleintierpraxis selten auf dem Schragen liegen, damit sie eine Entwurmungstablette schlucken, an die Herr Mettler LE PARFAIT schmiert. Darauf fallen weder Rosie noch Fritz herein, worauf ihnen der Tierarzt die Pille mit einer stumpfen Pinzette und sanftem Zwang zwischen die Zähne schiebt.

Für das Gespräch vereinbarten wir einen separaten Termin, die Katzen sollten nicht zuhören, wenn wir über die letzten Dingen redeten. Nachdem eine Frau einen grossen Hund mit langen Locken und Verband um die Vorderpfote hinausgetragen hatte, sassen wir uns im Sprechzimmer des Arztes am hohen Untersuchungstisch im Neonlicht gegenüber. An diesem Tag, erzählte Maik Mettler, habe er eine Katze einschläfern müssen. Das gehört zu seiner täglichen Arbeit. Sie war zwölf Jahre alt und sei sehr krank gewesen, sie konnte sich nicht mehr richtig bewegen. Der wichtigste Satz, den er den Besitzern Tag für Tag sagt: Der Tod ist eine Erlösung, damit das Tier nicht mehr leiden muss. Aber manchmal ist es, als spreche er den Satz auf Chinesisch aus. Ja, bestätigt er, die Leute wollten zunehmend nicht wahrhaben, dass es so weit sei und sie sich von ihrem Tier trennen müssten. «Viele haben ein schlechtes Gewissen, dass sie bei einem Wesen, das sie doch lieben, über Leben und Tod entscheiden», sagt er. Sie möchten den Hund oder die Katze noch einmal mit nach Hause nehmen, damit die ganze Familie Abschied nehmen kann, obwohl es für das Tier am besten wäre, es gleich sterben zu lassen. Er hätte aber schon Verständnis. «Stellen Sie sich vor, Sie kämen mit Ihren Katzen zu einem Routinecheck, und ich würde bei einer der beiden einen grossen Tumor auf der Leber feststellen», sagt er. Aber das stelle ich mir lieber nicht vor. Er fährt fort: «Es wäre ein Schock. Wenn ich dann gleich nach der Diagnose vorschlagen würde, die Katze sofort einzuschläfern, wären Sie überfordert. Es ginge Ihnen zu schnell. Die Tierbesitzer haben oft Angst, einen vorschnellen Entscheid zu treffen. Ich darf nicht drängen.»

Als Tierarzt, der ständig das Menschenwohl gegen das Tierwohl abwägen müsse, sei er «in erster Linie für das Tier da». Und so weigert er sich in bestimmten Fällen, auf die menschlichen Bedürfnisse zu hören, weil es an Tiermissbrauch grenzte. Diesen sieht er nicht bloss am Ende eines Tierlebens. Er sagt: «Der Umgang mit Tieren neigt immer mehr zum Extremismus.» Einsame Leute, die in ihnen einen

Partnerersatz sehen. Solche, die, enttäuscht von Menschen, alle Gefühle auf das Tier richten. Oft kämen dann gerade diese Tiere «in miserablem Zustand» zu ihm.

Aber es gäbe auch die umgekehrten Fälle. Kürzlich brachte ihm eine Familie ihre Katze, die in ein Kippfenster geraten war und eine Beckenfraktur erlitt, eine Verletzung, die man operieren kann. Der Vater war dagegen und wollte die Katze einschläfern lassen, Mutter und Sohn wehrten sich. Der Tierarzt unterstützte sie dabei, und die Katze bekam die Operation.

Müssen solche Entscheide immer eine Frage des Gernhabens sein? Kann es nicht auch eine Grenze geben, wo ein Besitzer findet, die Kosten einer Behandlung übersteigen seine Liebe – und rechtfertigen die Euthanasie?

«Die Katze war noch jung und hatte ihr Leben vor sich», sagt Herr Mettler. «Zudem liess sich das Becken stabilisieren.» Der Eingriff kostete 1200 Franken. Das sei nicht wenig, aber auch ein Betrag, den die meisten auszugeben bereit wären, wenn man ihr Tier retten kann.

Auch in diesem Fall ist das Tier sein Patient, nicht der Besitzer. Doch würde er jemanden umstimmen wollen, der nicht bereit ist, 4000 Franken auszugeben, obwohl eine Chance auf Heilung bestünde? Anders gefragt: Kann ein Tierarzt seinen Einsatz für Tiere übertreiben – vielleicht sogar aus Geschäftstüchtigkeit?

«Selbstverständlich würde ich auch zu einer sehr teuren Therapie raten, wenn die Prognose gut ist», sagt Maik Mettler und gibt das Beispiel eines zweijährigen Labradors, der wegen eines angeborenen Hüftleidens ein künstliches Hüftgelenk erhalten muss. Pro Hüftgelenk beläuft sich das auf 3000 Franken. Denn: «Der Hund könnte um Jahre länger und schmerzfrei leben.» Andererseits, sagt er, rät er nie aus finanziellen Gründen zu etwas, «das dem Tier keinen wesentlichen

Vorteil bringt». Er wisse aber, dass dies von einigen Tierärzten gemacht werde. «Leider.»

Die Kundschaft der Kleintierklinik am Zürichberg, die er mitleitet, ist zu vielem bereit und kann es sich auch leisten. Wie widersetzt er sich ihren Wünschen? «Wir nehmen hier niemanden aus», sagt Herr Mettler noch einmal. Wenn eine Besitzerin auf eine Computertomographie ihres Hundes besteht, obwohl dessen Rettung aussichtlos ist, macht man zwar eine Computertomographie. Doch nicht, ohne ihr vorher klarzumachen, dass sie viel Geld für etwas ausgibt, das kaum das Gewünschte bringen wird.

Und was ist mit Palliativmedizin, gibt es sie inzwischen auch bei Tieren, um einen sanfteren, da langsameren Abschied zwischen Tier und Besitzer zu ermöglichen?

Ja, sagt Herr Mettler, Tiere erhielten Schmerztherapien ebenfalls mit dem Ziel, Schmerzen zu lindern, aber nicht, um das Sterben zu verlängern. «Voraussetzung ist, dass die Organe noch funktionstüchtig sind und man dem Tier die Freude anmerkt, am Leben zu sein», sagt er. «Wenn es etwa in der Sonne liegt und es geniesst oder weiterhin normal frisst. Dann spricht nichts dagegen, ihm ein paar Monate mehr zu geben.»

Wie wichtig seine Rolle ist, merkt er, wenn die Leute in ihm den Trauerbegleiter sehen, nachdem er ihr Tier behandelt und eingeschläfert hat. Wie jene Frau, die unzählige Male anrief und einfach nicht loslassen konnte. Die acht Monate nach dem Tod ihres Hundes noch einmal alles durchgehen wollte, Schritt für Schritt, warum es geschah und ob dieser Entscheid wirklich richtig war. Sie war so aufdringlich in ihrer Trauer, dass der Tierarzt sie zurückweisen musste.

Maik Mettler weiss vom erhöhten Suizidrisiko in seinem Beruf. Er habe mit seinen Kolleginnen und Kollegen schon oft darüber diskutiert, sagt er. Er selber kennt zwei Tierärzte, die Suizid begangen haben. Die Gründe für das erhöhte Risiko seien ihm auch nicht klar. Ist eine Kinderonkologin denn nicht einer grösseren psychischen Belastung ausgesetzt? Oder ein Palliativmediziner, der nicht heilt, sondern unheilbar kranken Menschen sterben hilft?

Als grösste Belastung erleben Tierärzte den moralisch-ethischen Konflikt, ein Tier am Leben zu erhalten, obwohl damit seine Qual verlängert wird. Es wird über ein Lebewesen verfügt, das selber nicht sprechen kann. Es wird der Obhut des Fachmanns entzogen, der ihm helfen möchte und bei dem berufsethische Grundsätze wie Würde und Achtung auch im Umgang mit Tieren gelten. Das weckt Ohnmacht. Ebenso, wenn ein Tierarzt ein gesundes Tier einschläfern muss oder eine Behandlung nicht fortsetzen kann, weil der Besitzer nicht über das nötige Geld verfügt. Maik Mettler sagt es nicht in diesen Worten, aber es geht aus seinen Erzählungen hervor: Tierärzten, die von Berufs wegen Tierfreunde sind, wird viel zugemutet durch das zunehmend seltsame Verhältnis zu unseren Haustieren.

Könnte es nicht auch sein, dass ein bestimmter Typus Mensch den Beruf des Tierarztes wählt? Dann läge die Selbstgefährdung in der Persönlichkeit begründet. Es würden vor allem Leute Tierarzt, die sensibel, verletzlich, ungeschützter sind dem Leid und Unrecht gegenüber. Sie bringen die Neigung mit, sich selbst zu schädigen. Was in ihrem Beruf zum Vorteil wird, nämlich empathisch zu sein, richtet sich gegen sie selbst, wenn das Mitgefühl grenzenlos wird.

Oder man fragt noch psychologischer: Sind Tierärzte so beschaffen, dass sie menschliche Konflikte mehr überfordern als andere? Konflikte, die eben gerade nicht über das Tier abgehandelt werden können: Einsamkeit in der Beziehung, hohe Erwartungen an andere, Selbstansprüche. Sie projizieren auf

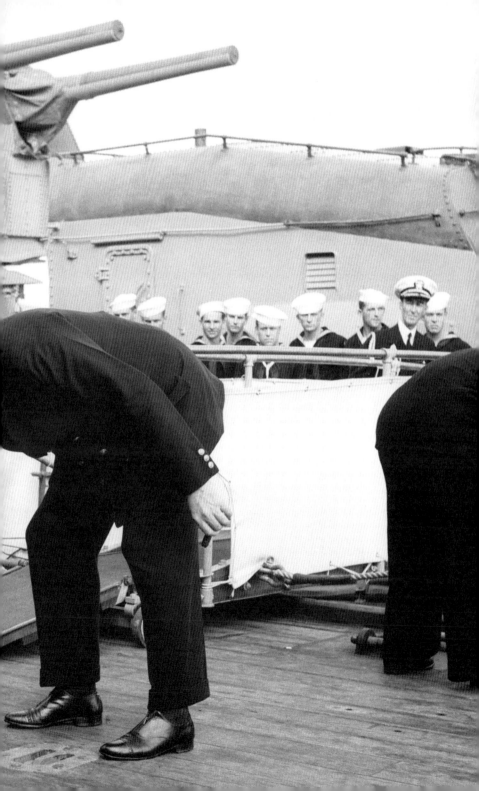

die Tiere, mit denen sie täglich zu tun haben, was sie unbewusst beschäftigt. In der Folge können sie mit ihrer Schwermut und ihrer Verzweiflung noch weniger gut umgehen. Das alles sei bedenkenswert, sagt Maik Mettler.

Auf dem Nachhauseweg im Bus, in dem sich die Leute drängen, denke ich weiter darüber nach, warum manche Tierärzte nicht mehr leben mögen. Vielleicht ergeht es ihnen ähnlich: Es passiert plötzlich, in einem Moment wie jetzt, es könnte aber auch ein Sommertag sein, die Leute könnten ausgelassen und fröhlich und unterwegs ins Schwimmbad sein, dass ich an alle Tiere dieser Welt denke, die in diesem Moment in Lastwagen getrieben werden oder auf Schiffe verladen, um den weiten Weg ins Schlachthaus zurückzulegen. Daran, dass sie sich nicht wehren können. Andere sind bereits angekommen und trotten, hetzen und hinken durch die Tore. Ich denke an die Nerze hinter Gittern, die zurückgelassenen Rehe am Strassenrand, die Esel von Marrakesch. Ich lasse die ganze leidende Kreatur in meinen Kopf ein. Ich muss dann schnell etwas anderes denken, weil ich es sonst nicht aushalte. Und vielleicht ist es das, was manche Tierärzte nicht ertragen: die Hilflosigkeit der anderen, die sie zu ihrer eigenen machen. Sie erkennen das, worüber sie keine Macht und Kontrolle haben, in sich selbst und bringen diese Gefühle zum Schweigen.

Wie trauert man um ein Haustier?

Es gibt keine richtige Art, wie man um ein Haustier trauert. Man kann es übertrieben finden, wenn Leute seine Asche zum Diamanten brennen lassen oder es im Tierfriedhof bestatten. Wie gesagt, ich würde das nie tun. Ich stelle auch kein Porträtbild von Fritz und Rosie auf mein Pult bei der Arbeit, solange sie leben, und wohl auch danach nicht. Aber man kann niemandem die Dosis der Trauer vorschreiben und die Rituale, wenn der eigene Hund, die eigene Katze oder das Meerschwein über die Regenbogenbrücke gehen. Über diese Brücke lassen die Besitzer überall auf der Welt ihre Tiere ziehen, die gestorben sind. So erzählt es ein beliebter Text. Drüben wartet eine grüne saftige Wiese, es gibt keine Krankheit mehr, und jede Verletzung ist geheilt. Die Sonne scheint, die Tiere spielen und rennen herum. Nur jemand fehlt; ein Mensch. Doch eines Tages streckt ein Tier die Schnauze in die Luft, stellt die Ohren auf, weitet den Blick. Es löst sich aus der Menge, rennt hin zur Brücke und trifft den Menschen wieder, seinen Besitzer. Diesmal für immer.

Das Gedicht ist keine Literatur. Man weiss auch nicht, wer es geschrieben hat, aber es ist in viele Sprachen übersetzt, vertont, verfilmt und auf YOUTUBE gestellt worden. Mir drückt es zu stark auf die Gefühle der Tierbesitzer. Und es schreibt die Gefühle auf unangenehme Weise den Tieren zu. Dabei macht diese Trauerkarte die Gefühle gerade austauschbar durch ihre Universalität. Ich vermute, Fritz und Rosie würde daran einzig trösten, dass es dort «immer reichlich zu fressen und zu trinken» hat, wie es in einer Zeile heisst. Fürs Herumtollen mit andern Tieren sind sie wohl über das Leben hinaus zu scheu, und ich kann mir selber auch nicht vorstellen, im Paradies mit fremden Leuten zu tanzen, bloss weil uns die Liebe zu unseren Tieren verbindet.

Es ist das Leben, das ich mir ohne meine Katzen nicht vorstellen kann. Wie man das nie kann, wenn man etwas lieb gewonnen hat. Natürlich ginge es weiter, und statt dass ich sie dereinst in einem märchenhaften Jenseits fantasiere, fürchte ich mich schon heute viel mehr davor, im Tram plötzlich in Tränen auszubrechen oder bei der Arbeit, womöglich noch in einer Sitzung mit einem Vorgesetzten. Was sagt man den

Leuten? «Ich bin traurig, weil meine Katze gestern gestorben ist» – wenn man danach noch ernst genommen werden will? Manche Firmen in den USA gewähren ihren Mitarbeitern ein bis drei Tage bezahlte Ferien, wenn ihr Haustier stirbt. So viel Verständnis werden nur Chefs zeigen, die selber schon um ein Tier geweint haben.

Niemand verstehe, dass man dann ein paar Tage frei nehmen muss oder während einer Woche keine Anrufe beantworten kann, schreibt die amerikanische Autorin Meghan Daum in ihrem Essay *The Dog Exception*, in dem sie vom Tod ihres Hundes Rex erzählt und die Beziehung zu ihm eine sentimentale Ausnahme nennt. Niemand möge die unerhörte Wahrheit hören, sagt sie, dass nämlich der Tod eines Haustiers katastrophaler sein könne als der Tod eines nahen Freundes oder eines Angehörigen.

Wer so etwas sagt, muss mit Fragen rechnen. Etwa, ob Trauer beliebig vervielfältigbar ist – was ich auch schon zu hören bekam. Ob die Liebe zu einem Haustier nicht einfacher ist als die zu einem Menschen, da einem ein Tier nicht widerspricht und es alle an es gerichteten Gefühle unwidersprochen in sich speichert? Und der Schmerz dann umso grösser ist, wenn man es verliert.

Das mag sein. Trotzdem heisst das nicht, dass derjenige, der um ein Tier trauert, weniger stark um einen Menschen trauert.

Um nicht unter Verdacht zu geraten, würden sich manche die Gefühle am liebsten verbieten. So wie jener Kolumnist in DER SPIEGEL, der über die Trauer um seine alte Katze Willy schrieb, die «mitten in der Flüchtlingskrise» gestorben sei, wie er bereits im zweiten Satz anmerkt. Statt sich mit wichtigen Themen zu befassen, so die Aussage, trauere er um ein Tier – und offenbare das in einem Nachrichtenmagazin! Eine

Seite lang legt er seine Scham dar, und wie viel Überwindung es ihn koste, sich zu seinen Gefühlen zu bekennen.

Es klang noch immer nicht aufrichtig.

Tiere erinnerten uns beständig daran, dass sie uns früher verlassen werden als wir sie, schreibt Meghan Daum weiter, die mutige Autorin. Selbst wenn sie unser Gesicht ableckten, seien wir uns bewusst, dass dies bloss auf Zeit sei. «*They guarantee us nothing other than the near certainty that they will leave us well before we leave them. They are ticking bombs that lick our faces. They are prescheduled heartbreak.*» Tiere sind tickende Bomben. Sie brechen uns vorzeitig das Herz.

Das sind dramatische Vergleiche. Ich sehe in meinen Fellmonstern nichts, das zu entschärfen wäre, ausser ihre scharfen Krallen, wenn sie sich an meine Seidenstrümpfe hängen, was auch schon vorgekommen ist. Vielleicht kann ich es glücklicherweise noch gar nicht wissen. Aber, und das meint Daum, man ist in seiner Zuneigung gefährdet, umso mehr als Besitzer von Tieren, die sich frei bewegen können. Ich stelle mir vor, wie es sein muss, auf eine Katze zu warten, wenn sie in unserer Strasse wieder verschwinden, wie den Zetteln an den Zäunen oder den Haltestellen zu entnehmen ist. Man liegt nachts wach und horcht, ob die Klappe geht. Man hofft, die Katze sei zurückgekehrt und lounge auf dem Ohrensessel, wenn man abends von der Arbeit kommt, von mir aus zerzaust und mit Blessuren von Eindringlingen in ihr Revier. Man stellt sich auf den Balkon und späht aus – dort drüben, springt da nicht ein kleiner Schatten ins Gebüsch? Man geht Abend für Abend hinaus und sucht in Gärten und entlang des Ufers unten am Fluss.

Nichts.

Und irgendwann wird man nur noch jeden zweiten Abend hinausgehen, und dann geht man gar nicht mehr. Vielleicht haben sich ein paar Leute gemeldet, aber die Fährten sind ins Leere verlaufen. Die ausgehängten Anzeigen hat der Wind zerrissen oder der Regen verwischt, ohne dass man sie ersetzt. Dass auch die Hinweise des Tierflüsterers nichts brachten, den man um Hilfe gebeten hat, sagt man lieber nicht.

Wie lange vermisst man ein Haustier? Vergisst man es schneller, weil die Erinnerung nicht aus Sprache besteht? Man erinnert sich an das Kopfputschen am Morgen statt an Gespräche, die eine Beziehung begründen, an ihren Atem auf dem Arm, in dem sie lagen, und wie sich die Katze jedes Mal in die Tragtasche setzte, wenn man vom Einkaufen kam. Es wird einem körperlich und psychisch etwas entzogen, aber nicht intellektuell. Ist es die Gleichgültigkeit, die ein Tier manchmal zeigt, das Tierische an ihm, sein Schweigen und verbales Stummsein, das verhindert, dass der Schmerz sich ins Unendliche ausdehnt? Oder weil sie weniger lange leben, zehn oder zwanzig Jahre höchstens? Und wiegt das Andenken mehr als der Trost, der daraus bestehen könnte, sich gleich ein neues Tier ins Haus zu holen? Viele Haustierbesitzer warten zu, weil es aussehen würde, als würden sie ein Wesen ersetzen, das unersetzlich ist. Manche wollen gar kein Haustier mehr, weil sie den Gedanken nicht ertragen, es wieder zu verlieren.

Und weil das Tier nicht mit einem gesprochen hat und sich nicht erklären kann und immer unklar bleiben wird, was es gedacht hat und gefühlt, weint man auch um das Tier, das man in seiner Katze oder seinem Hund gesehen hat und damit um sich selbst.

Es ist ihr ganzes Leben, das sich für Mary Gaitskill mit der kleinen Findelkatze verbindet, die ihr in Italien zugelaufen ist und, zurück in den USA, spurlos verschwindet. Die Suche nach dem einäugigen Gattino, die die amerikanische Schriftstellerin für Tage und Wochen beschäftigt und an psychische

Grenzen bringt, konfrontiert sie mit den persönlichsten Fragen: die gescheiterte Beziehung zu ihren Pflegekindern, das Sterben des Vaters.

Und als sei auch sie überrascht über die Trauer um ein Tier, fragt Mary Gaitskill in ihrem kurzen Text *The Lost Cat*: Wer entscheidet darüber, welcher Tod tragisch ist? Wer sagt, was gross und was klein ist? Ist es eine Frage von Zahlen, von Körpermasse oder Intelligenz? Ein kleines Wesen, das allein und qualvoll stirbt, weiss nicht, dass es klein ist. Da ist nur immenses Leiden. Ist es die öffentliche Meinung, die entscheidet, worüber man wie trauert? Und hat das je etwas damit zu tun, was einen persönlich bewegt?

Rosies Fall

In dem Moment, in dem sich Fritz zwischen meinen Rücken und die Stuhllehne drängt, muss ich noch etwas über die sieben Leben unserer Katzen sagen und wie sie einige davon bereits verwirkt haben. Wenn Fritz sich einpasst hinter mir und dabei schnurrt, kommt mir immer der Verdacht, dass er in einem früheren Leben in der sadomasochistischen Szene verkehrte und sich in Ganzkörperkostüme aus Lack und Leder zwängte.

Katzen sagt man mehrere Leben nach, weil sie so zäh und unverwüstlich sind, wobei man ihnen je nach Land eine unterschiedliche Anzahl Leben anrechnet. Ich habe Fritz und Rosie schon klarzumachen versucht, dass wir nach Verbrauch ihrer sieben Leben nicht einfach nach England zügeln können, wo ihnen neun zustehen. Sie sollten sich mehr Sorge tragen.

Als wir eine zweite Katze suchten, die Fritz Gesellschaft leisten würde, rief ich in drei oder vier Tierheimen an. Dort wollten sie wissen, wie unsere Wohnung beschaffen sei, ob die Katzen Auslauf hätten. Dass sie nicht nach draussen können, war kein Problem. Es machte die Zweitkatze in den Augen der Tierheime dringlich, denn diese geben keine einzelne Katze ab, die allein in einer Wohnung gehalten wird, ausser vielleicht, sie ist alt und träge. «Haben Sie einen Balkon oder eine Terrasse?», wurde ich sodann gefragt. Nur beim ersten Heim hatte ich noch von mir aus gesagt, die grosse Terrasse sei fast wie ein Ausgang ins Freie. Ich beschrieb die grosse Föhre, die ihre Äste herüberstreckt, das Dach voller Kies und Steine. Das war ein Fehler. «Wie hoch ist die Terrasse, und ist sie abgesichert?», fragte die Frau am Telefon. Bestimmt fügte sie an: «Wir geben keine Katzen in einen Haushalt mit einem Balkon oder einer Terrasse ohne Katzenschutz.» Die Begründung hörte ich noch drei weitere Male.

Ich konnte nicht einfach behaupten, dass wir die Vorgabe erfüllen, weil sie gewiss einen Kontrollbesuch gemacht hätten. Es war uns gleichzeitig unmöglich und kam uns übertrieben vor, dieses Netz um die ganze Wohnung herum und wohl gleich noch über das Dach zu spannen. Das Leben hinter Netz schien uns Menschen nicht verlockend. Jedes Foto, das wir von der schmalen Skyline gemacht haben, die im Lauf der Jahre in die Höhe wuchs, wäre nun netzartig überzogen. So endete die kurze Beziehung mit den Tierheimen und aus der Absicht, einer der vielen heimatlosen Katzen ein Daheim zu bieten, wurde nichts.

Doch manchmal denke ich an dieses Netz. An einem Abend vor zwei Jahren war ich allein zu Hause, es war kurz vor Weihnachten. Ich sass auf dem Sofa und las oder schaute fern, irgendwann kam Fritz von draussen herein, setzte sich hin, schaute mich an, machte etwas Toilette, umgab mich. «Wo ist Rosie?», fragte ich ihn nach einer Weile und ging auf die Terrasse, wie ich es hin und wieder tue, um mich zu vergewissern, wo sie stecken. Ich rief ihren Namen. Doch Rosie kam nicht hinter der Ecke hervorgerannt, sie antwortete mir auch nicht mit einem Miauen vom Dach herunter. An zwei Seiten grenzt das Haus an Grasflächen, es hat dort Büsche und einen Feigenbaum. Fritz ist vor Jahren einmal nachts über das Glasdach des Wintergartens gerutscht und in die Tiefe gestürzt, wir sahen von oben seine leuchtenden Augen weit unten im Gebüsch. Mein Mann ging ihn dann unten holen und kehrte mit zerkratzen Armen und unversehrtem Fritz zurück. Später las ich, dass Katzen sich im freien Fall drehen, damit sie auf den Füssen landen. Deshalb ist ein Sturz aus höheren Etagen ungefährlicher als der Fall von einem Balkon zwei oder drei Meter über dem Boden, bei denen sie sich eher tödlich verletzen, weil keine Zeit zum Drehen bleibt. Der Katzenforscher John Bradshaw schreibt sogar, sie spreizten die Beine vom Körper ab und bildeten dadurch eine Art Fallschirm, das würde den Fall verlangsamen. Fritz hatte wohl auch Glück, dass er auf Erde und Gras gelandet ist.

Die Vorderseite des Hauses, an dessen Fassade zwölf kleine Balkone hervorstehen, weist auf einen Vorplatz aus Beton hinaus. Es ist der Blick, den ich meide, wenn die Katzen nicht sofort herbeieilen auf mein Rufen.

Fritz war mir auf die Terrasse gefolgt und liess sich nichts anmerken. Ich rief erneut Rosies Namen, und da vernahm ich es, ein Miauen von eben dort unten. Ich rannte in die Wohnung, rief den Lift, fuhr nach unten. Doch Rosie lag nicht mit gebrochenen Gliedern auf dem Steinboden, wie ich vermutet hatte, sondern das Miauen kam von einem der unteren Balkone. Zwischen den untersten Balkonen gibt es ein Blumenbeet, ein schmales Band. Rosie musste auf das Beet gefallen und auf den Balkon geflüchtet sein. Oder sie hat den Weg direkt auf den Balkon genommen, womöglich hielt sie ihn für einen Besammlungsort. Die Wohnung war dunkel, und auf mein Läuten öffnete niemand. Die Distanz vom Boden war zu hoch, um auf den Balkon zu klettern. Rosie klagte. Sie hatte kurz die Schnauze aus dem Geländer gestreckt und schien sich bewegen zu können. Ich rief die Feuerwehr an. «Warten Sie noch etwas zu», sagte der Feuerwehrmann. «Sie kommt sicher hervor, wenn sie Hunger hat.» So sei es auch mit den Katzen, die sich nicht mehr von den Bäumen heruntergetrauten. Es sei ein grosser Aufwand, mit dem Feuerwehrauto vorzufahren, sagte er. «Rufen Sie sonst in zwei, drei Stunden noch einmal an.» Er hängte auf.

Ich redete Rosie zu und sagte ihr, sie müsse keine Angst haben. Dann wählte ich zum zweiten Mal die Nummer meines Mannes. Er war mit seinem Betrieb im Zirkus. Diesmal antwortete er. Gerade waren die Clowns gekommen, erzählte er später. Er verliess sodann das Zelt.

«Rosie», rief ich, um sie zu beruhigen und ihr zu sagen, dass ich da sei: «Rosie.»

«Ja?», sagte eine Frauenstimme in der Garage neben dem Hauseingang. Das Tor stand offen, weil kurz vorher ein Auto hineingefahren war.

Eine Frau, die ich schon öfters gesehen hatte, kam heraus. Wir schauten uns fragend an. «Ich bin Rosi», stellte sie sich vor, als ich ihr erklärte, was geschehen war. Rosie stimmte miauend zu, sie klang verzagter jetzt. Rosi, die ein paar Häuser weiter oben wohnte, sagte, in ihrem Keller stehe eine alte Holzleiter, ob wir sie holen wollten? Als wir mit der Leiter die Strasse hinunterliefen, Rosi vorne, ich am anderen Ende, kam mein Mann im Auto angefahren. Wir stellten die Leiter auf und er stieg zum Balkon hoch. Er hob Rosie in die Katzenbox, die ich in unserem Keller holen ging, reichte sie mir und stieg wieder hinab. Wir bedankten uns bei Rosi, verabschiedeten uns und brachten Rosie hinauf in die Wohnung.

Rosie frass am selben Abend wieder. Sie schlief die ganze Nacht in der Hängematte des Katzenbaums, und als ich gegen Morgen nach ihr schaute, hob und senkte sich ihr Fell gleichmässig. Ich legte mir in Gedanken zurecht, was ich alles hergeben würde, falls sie den Sturz unbeschadet überlebt haben sollte. Sie trug tatsächlich keinen Schaden davon, und ich habe in der Zwischenzeit vergessen, was mein Handel war. Bevor das Jahr zu Ende ging, luden wir Rosi, unsere Nachbarin, zu einem Glas Champagner ein.

Fritz und Rosie fanden das nicht gut. Sie liessen sich den ganzen Abend nicht blicken. Meine Katzen mögen keine Fremden. Sie lieben mich.

Literaturverzeichnis

John Berger: *Warum sehen wir Tiere an?* In: *Das Leben der Bilder oder die Kunst des Sehens.* WAGENBACH: Berlin 1989.

John Bradshaw: *Cat Sense. The feline enigma revealed.* PENGUIN BOOKS: London 2013.

Tom Cox: *The Good, The Bad and the Furry. Life with the World's Most Melancholy Cat and Other Whiskery Friends.* SPHERE: London 2013.

Meghan Daum: *The Dog Exception.* In: Meghan Daum, *The Unspeakable.* FARRAR, STRAUSS AND GIROUX: New York 2014.

Jacques Derrida: *Das Tier, das ich also bin.* PASSAGEN: Wien 2010.

Mary Gaitskill: *Lost Cat.* In: *Granta.* THE MAGAZINE OF NEW WRITING. Issue 107. Granta: London 2009.

Adam Gopnik: *Dog Story. How did the dog become our master?* In: THE NEW YORKER, 8. August 2011.

Bernhard Kathan: *Wir sehen Tiere an. Grundkurs für Tierschützer und solche, die es werden wollen.* Essay. LIMBUS: Innsbruck 2014.

Desmond Morris: *Catwatching. Die Körpersprache der Katzen.* HEYNE

Dennis C. Turner: *Die Mensch-Katze-Beziehung. Ethologische und psychologische Aspekte.* GUSTAV FISCHER: Jena 1994.

Die Texte von Jörg Hess verbinden zoologisches Wissen und persönliche Erfahrungen mit grossem Respekt für Tiere und deren Verhalten. Sie sind perfekte Miniaturen. Manchmal ist von Wirbellosen die Rede, in deren Körperlichkeit und Lebensweise wir Menschen uns gar nicht einzufühlen vermögen, dann wieder von Menschenaffen, die uns näherstehen und die wir darum besser verstehen. Die Bücherbox beinhaltet drei reich bebilderte Bände mit insgesamt über hundert Lesestücken.

«Brillant geschrieben.» Viktor Giacobbo
«Es gibt wohl keine besseren Texte, um unaufgeregt und doch mit dem Reiz des Unerhörten die Besonderheiten einzelner Tierarten zu entdecken.» NZZ AM SONNTAG
«Jörg Hess ist ein genauer Tierbeobachter und ein meisterhafter Erzähler. Er erzählt so lebhaft, dass man meint, im Kino zu sitzen.» TAGES-ANZEIGER

Den Spuren einer Katze folgt auch die Recherche von Hanspeter Born und Benoit Landais. Ihr Buch erzählt die packende Geschichte von Vincent van Goghs letztem Gemälde: «Im Vordergrund eine schwarze Katze. Blassgrüner Himmel», beschreibt es der Künstler kurz vor seinem Selbstmord. *Le Jardin de Daubigny* hätte ein einzigartiges Meisterwerk bleiben sollen, aber ein Pariser Maler fertigte eine Kopie an, die bis heute als echtes Bild van Goghs gilt. Warum hat eine Fälschung die Kunstwelt über ein Jahrhundert lang narren können? Wie kam sie in Umlauf? Und wieso durchschauen Kunstexperten den Schwindel nicht?

«Ein verdammt spannendes Buch, liest sich wie ein Krimi.» Charles Lewinsky
«Der Van Gogh Code» SONNTAGSZEITUNG

Hanspeter Born und Benoit Landais

Die verschwundene Katze

Gebunden, 200 Seiten, 36 Franken, 28 Euro

In allen guten Buchhandlungen oder direkt bei:
www.echtzeit.ch

Zur Autorin: Birgit Schmid, 1972 geboren, studierte an der Universität Zürich Germanistik, Kunstgeschichte und Komparatistik und schloss 2004 mit der Dissertation *Die literarische Identität des Drehbuchs* ab. Sie arbeitete als Filmredaktorin bei der NEUE LUZERNER ZEITUNG und als freie Autorin für die NZZ AM SONNTAG. Ab 2006 war sie Redaktorin bei der ANNABELLE und danach bei DAS MAGAZIN, hier auch als Stellvertretende Chefredaktorin. Seit 2015 ist sie Redaktorin bei der NZZ und schreibt die wöchentliche Kolumne *In jeder Beziehung*. Sie lebt in Zürich.

1. Auflage. 9 Juni 2016
Copyright © 2016 ECHTZEIT VERLAG GMBH, Basel
Alle Rechte vorbehalten

ISBN 978-3-905800-90-6

Autorin: Birgit Schmid
Fotografie: Osborne's Katze in der Downing Street, 2014. (ALAMY LIVE NEWS), Cover
19 — Gina Lollobrigida (KEYSTONE/MAGNUM PHOTOS/Philippe Halsman)
20 — Audrey Hepburn, 1961 (KEYSTONE/PICTURE ALLIANCE)
22 — Romy Schneider, 1965 (KEYSTONE/EVERETT)
35 — Marlon Brando,1972 (KEYSTONE/INTERFOTO)
36 — Alain Delon, 1963 (KEYSTONE/RUE DES ARCHIVES)
38 — Albert Schweizer, 1951. (KEYSTONE/MAGNUM PHOTOS/George Rodger)
51 — Juliette Greco mit Anne Marie Cazalis, 1949 (KEYSTONE/RUE DES ARCHIVES)
52 — Françoise Sagan mit Anthony Perkins, 1960 (KEYSTONE/ROGER VIOLLET)
54 — Joan Collins, 1950s (KEYSTONE/EVERETT)
67 — Twiggy, 1966 (KEYSTONE/MAGNUM PHOTOS/Burt Glinn)
68 — Charles Bukowski, 1986 (KEYSTONE/MAGNUM PHOTOS/Thomas Hoepker)
70 — Jane Fonda, 1960 (KEYSTONE)
83 — Magda Schneider, 1937 (GETTY IMAGES/ULLSTEIN BILD)
83 — Brigitte Bardot, 1955 (GETTY IMAGES/John Sadovy)
86 — Ernest Hemingway und seine Frau Mary, 1940 (GETTY IMAGES/POPPERFOTO)
88 — Brigitte Bardot, 1956 (KEYSTONE/RUE DES ARCHIVES)
101 — Andy Warhol, 1964 (GETTY IMAGES/Mario De Biasi)
102 — Pablo Picasso, 1946 (KEYSTONE/RUE DES ARCHIVES/Michel Sima)
104 — Henri Matisse, 1950 (KEYSTONE/MAGNUM PHOTOS/Robert Capa)
117 — Stephen King, 1985 (KEYSTONE/EVERETT)
118 — Peter Lorre, 1944 (KEYSTONE/EVERETT)
120 — Blaise Cendrars, 1960 (KEYSTONE)
133 — John Kennedy und seine Frau Jacqueline, 1960 (GETTY IMAGES)
134 — Winston Churchill, 1941 (GETTY IMAGES/IWM)
136 — Romy Schneider, circa 1957 (KEYSTONE/INTERFOTO)
Lektorat: Markus Schneider
Korrektorat: Birgit Althaler
Gestaltung: MÜLLER+HESS, Basel
Lithografie: RED.DEPARTMENT, Zürich
Druck: CPI – EBNER & SPIEGEL, Ulm